770

貧困の倫理学

馬渕浩二
MABUCHI KŌJI

HEIBONSHA

貧困の倫理学●目次

はじめに

自分に救う手立てがあるときに、だれかを飢えの苦しみのうちに放置しない。これが人間にたいする永遠なる義務のひとつである。

——ヴェイユ『根をもつこと 上』、一三頁

いまこの瞬間にも、世界のどこかでだれかが命を落としている。死が人間に運命づけられているかぎり、この事実はありふれたものなのかもしれない。しかし、この世界から退場してゆく命のなかに、貧困が原因となって失われる命が数多《あまた》含まれるとしたら、そのような判断は変更されなければならない。科学文明の栄華をきわめるこの二一世紀初頭にあって、すくなからぬ者たちが飢えて死んでゆくのだ。貧困による死がこの現在の一部をなしていることは、ありふれた出来事などではない。このような出来事がたえず繰り返されている世界に、私たちは生きているのである。このようなしかたで世界が存在していることに

ついて、先進国の豊かさを享受している者たちにはすくなからぬ責任があるのではないか。したがって、その者たちは、世界的貧困を解決する責めを負っているのではないか。この本は、そのような問いをめぐって、そして、その問いが正当であるという前提のもとに書かれている。

この問いは、二〇一五年以降、その重みを増すことだろう。序論において見ることになるが、国際社会はあたらしい千年紀の到来に向けてミレニアム開発目標を策定し、一九九〇年を基準として極度の貧困者層の割合を二〇一五年までに半減させるという目標を掲げた。極度の貧困者層の割合を半減させるという目標そのものが控えめだといわざるをえないが、サハラ以南のアフリカではそのような目標さえおそらくは達成されない。そのように予想される。予想どおりになるとすれば、結果的に、大規模な貧困がなお放置されてしまうことになる。そのような現実をまえにして、このままでよいのかという問いが、ふたたび切迫したものとなるはずである。そのとき、さきに記した問いもまた深刻に問いなおされることになるだろう。

豊かな国に住む者たちには世界の貧困問題を解決する責任があるのではないかという直観は、さまざまなしかたで表現されるだろう。しかし、私は理論という選択肢を選《え》ることにした。理論だけでは現実を変えることはできないという批判があることを、私はよく知っている。世界的貧困のような焦眉《しょうび》の問題については、なおさらである。そのことを、私は否定しない。しかし理論的な営みには相応の意義がある。そのこともまた否定しえない事実である。たとえば、理論が存在することによって、日常生活では見落としてしまい気づくことが難しい現実が見出されるかもしれない。あるいは、理論が存在することによって、支配的な言説群の誤謬《ごびゅう》を指摘することが可能になるかもしれない。そもそも、なにが現実なのかということを知り、その現実を正しく記述するためには、概念や推論などの理論的な道具立てを欠かすことはできない。その意味で、現実へと接近するためには理論を手に入れることが不可欠となる。

一口に理論といっても、さまざまな分野の理論が存在している。たとえば開発経済学や国際政治学といったような分野が、おそらく世界的貧困問題に関する中心的言説をかたちづくっている。しかし、私は倫理学という分野にみずからの思考の根をおいている。それだから、理論のうちでもとりわけ倫理学の道具立てによって、あの問いについて考えようと試みた。そして、そのような問題意識のもとで考えはじめると、倫理学が、そして隣接する政治哲学という分野が蓄えてきた多様な資産を動員しなければならないことが明らかになる。それだから、さまざまな文献を読むことになった。本書はその記録である。

そのような意味で、この本の主な目的は、世界的な貧困問題について蓄積されてきた倫理学的議論を整理することであって、そのために私が付け加えた新しい論点は多くない。それだから論点の新しさという点では制約があるけれども、それにもかかわらず、このような類いの本が必要であると、私は強く感じている。なぜなら、倫理学は世界的貧困という問題をめぐって多彩な思考を紡《つむ》いできたのであるが、それらの思考群の全体像を見渡す日本語で書かれた本が乏しいと思われるからである。この本では、世界的貧困という問題を思考するうえで参照することが欠かせない代表的な立論――功利主義、カント主義、消極的義務論、権利理論、ケイパビリティ・アプローチ――を選びだし、それぞれの論者たちが紡いだ思考の輪郭を描くことに専念した。これらの思考群は、世界的貧困が突きつける深刻で根源的な問いに答えようとするものである。その問いとは、「先進国と呼ばれる豊かな国に暮らしながら世界の貧困問題を放置することは、はたして倫理的に許されるのか」という問いのことである。

この本でとりあげられる論者たちは、そのような事態は許されないと答える。私たちには〈飢えに抗《あらが》う義務〉があるのだ。なぜなら、貧困に苦しむ、異国の、その顔を見ることもない者たちと、豊かな国に住まう者たちとのあいだには、ある倫理的な関わりが立ちあがっているからである。しかし、その関係はどのようなものであろうか。この関係を「目に見える」ようにするために、この関係にことばを与え、そしてその本性を考えること。

そのことが、この本で追跡される主題である。もしこの本がその試みに成功しているのなら、倫理学、そしてそれに隣接する政治哲学が生み出した良質な言説群が、私とおなじ問題意識をもつ読者に近づきやすいものとなることだろう。

序論　世界的貧困と倫理学

貧困の現実

私たちが生きるこの世界は完全というにはほど遠い。この世界は、残念なことに、多くの悲惨な出来事を免れずにいる。戦争や内戦、そしてテロリズム。これらの暴力とそれが結果する数多《あまた》の死に言及することなしに、この世界について語ることは不可能である。惨状のリストはつづく。人種差別、民族差別、性差別……。貧困や飢餓といった惨状もまたこのリストに含めねばならない。貧困や飢餓は世界的な問題である。その広がりは世界的と形容するほかないのである。たとえば、インターネットで検索すれば、さまざまなウェブサイトが世界の貧困について深刻な数字を伝えていることがわかる。国連食糧農業機関編集の『世界の食料不安の現状　2013年報告』によると、二〇一一年から一三年にかけての数字では、慢性的な飢餓に苦しんでいる人口は八億四二〇〇万人、八人に一人の割合にのぼると推定されている。

飢えているのがどのような人びとなのかということを知るために、もうすこしだけ解像度を高めてみる。ユニセフの『世界子供白書2015〈要約版〉』によると、毎日、約一万八〇〇〇の五歳未満の子どもたちが亡くなっている。その子どもたちの居住地には偏りがある。おなじく『世界子供白書2015〈要約版〉』によると、二〇一三年の五歳未満死亡率は、日本においては一〇〇〇人当たり三人であるが、もっとも死亡率の高いアンゴラは一〇〇〇人当たり一六七人である。もうすこし一般化すると、たとえばサハラ以南のアフリカは一〇〇〇人当たり九八人である。ある人物が世界のどの地域に生まれるかということは偶然であるけれど、この偶然によってその人物が五歳まで生きることが可能かどうかの見通しは、かなりの程度が決まってしまうことになる。伊藤恭彦はこの現実を説明するために、「命の格差」という印象的な表現を用いている（伊藤恭彦『貧困の放置は罪なのか』一二頁）。

ミレニアム開発目標

この問題を解決するために、国際社会はすでにひとつの目標を掲げている。あたらしい千年紀がはじまるにあたって、二〇〇〇年九月に国連ミレニアム・サミットが催され「国連ミレニアム宣言」が採択された。そこに記されているのは、つぎのような決意である。

我々は、我々の同胞たる男性、女性そして児童を、現在十億人以上が直面している、悲惨で非人道的な極度の貧困状態から解放するため、いかなる努力も惜しまない。我々は、全ての人々が開発の権利を現実のものとすること、並びに全人類を欠乏から解放することにコミットする。

（「国連ミレニアム宣言」）

「我々」とは、この宣言の採択に加わった一八九の国連加盟国のことである。かりにそれらを世界と呼ぶことが許されるとするなら、まさしく貧困と欠乏からの人類の解放が世界の目標として掲げられ合意されたことになる。この宣言と、一九九〇年代に採択された主要な宣言などがまとめられ国連ミレニアム開発目標となり、その実現が今日もなお目指されている。ミレニアム開発目標は、二〇一五年までに達成すべきものとしてつぎの八つの目標を掲げている。

①極度の貧困と飢餓の撲滅
②普遍的な初等教育の達成

③ジェンダー平等の推進と女性の地位向上
④乳幼児死亡率の削減
⑤妊産婦の健康状態の改善
⑥ＨＩＶ／エイズ、マラリア、その他の疾病のまん延防止
⑦環境の持続可能性を確保
⑧開発のためのグローバルなパートナーシップの推進
（国連開発計画『国連ミレニアム開発目標』三頁）

話を第一目標である①に限定しよう。この目標は高いものではない。なぜなら、それは人類の生活を理想へともたらすものではないからである。それが企てているのは、極度の貧困状況におかれる者たちを最低限の生存状況へと引きあげることにすぎない。しかも、貧困状況におかれたすべての人びとが、その目標のなかに含まれるわけではない。貧困と飢餓の撲滅という第一目標には三つのターゲットが含まれるが、そのひとつであるターゲット１―Ａは、二〇一五年までに一日一ドル未満で生活する人びとの割合を一九九〇年とくらべて半分にするというものでしかない。ミレニアム開発目標が存在することとそれ自体は画期的なことであろう。だけれども、同時に、それが掲げる目標がひどく控えめなもの

だということも動かしがたい事実である。ミレニアム開発目標が実現したとしても、最悪の場合、依然として半分の割合の人びとが飢えつづけることになるのだから。

貧困からの問い

この種の数字を積みかさねることは控えよう。なぜなら、世界的貧困に関する言説は巷《ちまた》にあふれており、このような数字を並べることがもはや「陳腐」な試みに見えるほどだからである。問題なのは、これほど貧困に関する言説があふれているのに、貧困問題が解決されずに存在しつづけているということである。もちろん、このような現実をめぐっては、すでに批判が向けられている。たとえば、イースタリーは、今日の援助を動かしている機構に手厳しい批判を加える。ミレニアム開発目標のようにトップダウン式に壮大な計画をたて、その実現のためにさまざまな国際援助機関が官僚的に援助を実施することによって貧困問題が解決することはない、というのである(イースタリー『傲慢な援助』)。

しかし、そうした類いの批判はここでは措《お》く。ここで考えずにいられないことは、貧困問題が未解決のまま存在しつづけるという現実と、私たち一人ひとりとの関係である。もしかしたら、遠い国で起きている世界的貧困は私たち一人ひとりの生活とは関係が薄い事柄だと考えられてはいないだろうか。あるいは、貧困問題は深刻な問題ではあるけれども、国連のような国際組織や、政府、あるいはNGOのような専門組織にゆだねるべき問題であると考えられてはいないだろうか。そもそも、個人のレベルで貧困問題の解決に取り組みうるのは高い志と善意をもった人びとにかぎられるのではないか。そうできる人びとは称賛に値するけれども、そうしないとしても非難されるわけではない。そのように考えられてはいないだろうか。

この本がこれから検討してゆく思考群は、そのような発想を見直すよう促すものばかりである。世界的貧困の解決は、国際組織や専門組織、あるいは有志の個人の慈善や善意にゆだねられるべき問題ではない。むしろ、貧困問題の解決は、とりわけ先進国において豊かな生活を享受している者たちに課せられる責任である。それだから、このような立場にある者たちが貧困の解決のためになにもせず貧困を放置したなら、それは倫理的に悪いことである。これはかなり強い主張である。このことを理解するには、日常生活を想起すればよい。殺すな、盗むな、騙《だま》すなという倫理的規範にしたがって生活しているかぎり、その生活が倫理的に悪だと批判されることはないはずである。ところが、ある人物がそうした日常生活を営んでいたとしても、貧困問題の解決のためになにもしないでいるのなら、その生活が悪だと評価されるのである。

ちなみに、この点との関連で、ホンデリックという哲学者はつぎのような主張をしている。不当な理由で無辜《むこ》の者たちの命を奪ったということを根拠にして9・11テロの実行犯を批判する者たちがいる。しかし、9・11テロの実行犯に向けられた批判は、まるでブーメランのように、彼らを批判した者たちに戻ってくる。どうしてだろうか。9・11を批判する者たちのうち、どれだけの者たちが世界的貧困という現実を変えようと努力しただろうか。世界的貧困状況において、9・11の比ではない数の無辜の者たちが貧困という不当な理由で命を落としつづけている。この状況を放置しているかぎり、不当な理由で無辜の者たちの命を奪ったという9・11批判は、その批判を口にした者たちに戻ってくるというのである（Honderich: *After the Terror*）。

誤解を避けるために付言すると、9・11を批判することは間違っているといったことが主張されているのではない。ホンデリック自身があのテロを批判しているのだから。そうではなく、ここで強調されているのは、ある人物が、無辜の者の命が奪われたという理由によってあのテロを批判するのであれば、その人物が倫理的に首尾一貫するためには、その人物は世界的貧困が放置されている状況を等しく批判しなければならない、ということなのである。ホンデリックそのひとは、このような主張を文字どおりにおこなっているわけではない。しかし、ホンデリックの本からはそのような読みを引きだすことが可能であるように思われる。このように、世界的貧困という問題の地平から見たとき、私たちの日常生活が倫理的な視線に晒《さら》されるのは不可避だということを示唆する点で、ホンデリックの本はとても興味深い。

本書の見取り図

この本で検討する論者たちが、ホンデリックの主張に同意するかどうかはわからない。しかし、一見したところ道徳的に問題ないと考えられる私たちの日常生活を倫理的視線のもとで考え直すという点で、それらの立場は共通しているといえる。それらの立場は、世界的貧困という現実から見るとき、私たちの日常生活に関して避けがたく浮上してくる問いを思考しようとしているのである。つまり、私たちの日常生活は倫理的にはどのように評価しうるのか。場合によっては、それは悪なのではないか。悪なのだとしたら、その根拠はなにか。そうした問いである。

そうした論者たちのなかから、この本が最初にとりあげるのはシンガーである（第1章）。関係者の利益を増加させよという功利主義的な原則を採用したシンガーは、援助によって多数の貧困者の利益が増加するがゆえに、豊かな国の住人には援助の義務があるのだと主張する。このような功利主義の対極にあるカント倫理学を採用したのが、オニールである（第2章）。彼女は、カントが提唱した定言命法の定式にもとづいて「カント的に正しい世界」を構想し、この構想にもとづいて、困窮した他者にたいする援助を正当化しようとする。ポッゲは、消極的義務にもとづいて援助を正当化する（第3章）。消極的義務とは、他者にたいする加害を控える義務であるが、ポッゲによれば世界的貧困はこのような危害である。

配分的正義の概念を用いて援助論を正当化する論者たちもいる（第4章）。ベイツのような論者たちは、ロールズの格差原則――もっとも暮らし向きの悪い者たちの状況を改善するかぎりで不平等は許容される――を地球規模に適用しようとする。というのも、格差原則にしたがうなら、貧困者の生活を改善するように世界の富が再配分されなければならないからである。シューは、生存権の概念を援用する（第5章）。貧困状況は、最低限の生活を維持する権利としての生存権が毀損《きそん》された状況である。したがって、貧困者は生存権の実現を要求することができるし、それ以外の者たちにはこの権利を実現する義務が課されるだろう。

センやヌスバウムによって提唱されているケイパビリティ・アプローチにも言及する（第6章）。ケイパビリティ・アプローチは、人びとがなにになることができるか、なにをなすことができるかということに注目する。このように人びとが「できる」（capable）事柄、つまりケイパビリティ（capability）の幅を広げてゆくことに援助や開発の意義を見る立場がケイパビリティ・アプローチである。とくにヌスバウムはケイパビリティの最低限となる閾値《いきち》を設定し、その実現を目指そうとする。

締め括りとして、ポストモダニズムの立場からなされた援助批判を検討する（第7章）。主に参照するのはエドキンスの『だれの飢えか』というテクストである。エドキンスは、フーコー、デリダ、ジジェクといった思想家を援用することによって、国際援助の負の側面を暴く。この章を設けたのは、援助の文脈で倫理的であることがいかにして可能であるかという問題に、エドキンスの論考が深く関係するからである。

第7章以外のそれぞれの章は、一部の例外もあるが、おおよそつぎのような書きかたにしたがっている。まず、それぞれの立場がどのような理論的背景をもっているのかを理解するために、一般的な視点からの問題提起がなされる。つづいて、各論者の主著にそくして、援助論の概略が描かれる。また、それぞれの論者に向けられた批判をとりあげている。最後に、それぞれの理論から汲みとることができる意義を記している。

いずれの立場も、国境という境界線の恣意性を批判し、境界線の外側に生きる者たちを一人ひとりの個人として尊重する精神に依拠している。この精神をコスモポリタニズムと名づけよう。コスモポリタニズムとは、個人を道徳的思考の基本単位とし、その個人が帰属する集団、文化、国家といった枠組みにかかわらず、一人ひとりの個人を公正に平等に配慮する立場のことである。このコスモポリタニズムの精神によって磨かれたレンズをとおして、この世界は、そしてそこに依然として発生しつづける貧困問題はどのように見えてくるだろうか。そして、どのような倫理原則が適用されることによって、世界的貧困という問題の解決が図られることになるのだろうか。以下ではその消息を見届けることになる。

第1章　援助の救命モデル——シンガーの功利主義的援助論

貧困という現実にたいして、倫理的にどのような構えをとるべきなのだろうか。貧困を解決する義務はあるのだろうか。それとも、貧困を放置したとしても倫理的に許されるのだろうか。この問いに答えることは、長く思想的な課題であった。歴史的文脈をヨーロッパに限定するなら、産業革命以降の経済体制が、つまり資本制がもたらした貧困の現実が、そうした問いを誘発した。この問題にたいする思想的な応答が存在した。たとえば、マルサスのように「自由放任」によって人口過剰は抑制され、貧困が解消すると想定する立場が存在した。あるいは、資本制的経済を組み換えることによって貧困の解決を模索する社会主義的な言説も存在した。それらの反響は、世界的貧困をめぐる今日の言説においても聴きとることができる。

しかし、貧困の問題が世界的貧困というあたらしい装いを身にまとい倫理学の表舞台に登場することになったのは、それほど昔のことではない。ひとつの決定的な契機は、若きシンガーが一九七二年に公にした一篇の論考「飢饉・豊かさ・道徳」である。この論文においてシンガーは、飢えに苦しむ人びとへの援助が豊かな社会の利益を享受する者に課された義務なのだと、力強い筆致で主張した。この論文が発表されてのち、シンガーの主張と、この主張を導いた論証とをめぐって、多様な議論が繰り広げられることになった。その消息をたどるのが第1章の課題となる。ここでは、まず援助論のあたらしい地平を切り開いたシンガーの論考を振りかえり、貧困者への援助がいかなる意味で倫理的問題となるのか、そのことをシンガーのテクストにそくして確かめようと思う。

1　援助のための推論

悪としての貧困

シンガーが「飢饉・豊かさ・道徳」という論文で貧困問題をとりあげてのち、貧困がシンガーの問題意識から抜け落ちてしまうことはなかった。『実践の倫理』、『ひとつの世界』

(邦題『グローバリゼーションの倫理学』)、『あなたが救える命』といった主要な著作において、シンガーは世界的貧困の問題に繰り返し触れ、そのたびに新たな論点を加えている。貧困問題がシンガーの主要なテーマであることは間違いない。そして、それらの著作を貫いているのは、つぎのような問題意識である。

道徳的問題についての私たちの考えかた全体——私たちの道徳的な概念的枠組み——は変化する必要があり、それとともに、私たちの社会において当然のことだと見なされるようになった生活様式も変化する必要がある。

(Singer: Famine, Affluence, and Morality, p. 3)

貧困問題に応答するためには、道徳的な発想とライフスタイルとが変革されなければならない。この強烈な問題意識がシンガーの思考を導いている。この問題意識のもとで、シンガーは援助論の正当化を試みるのである。

シンガーが貧困者のための援助を正当化する理路はシンプルであり、一貫している。いくつかのバージョンがあるけれども、ここでは『あなたが救える命』の論証を用いることにする。

前提①　食料、住居、医療の不足から苦しむことや亡くなることは、悪いことである。

前提②　もしあなたが何か悪いことが生じるのを防ぐことができ、しかもほぼ同じくらい重要な何かを犠牲にすることなくそうすることができるのであれば、そのように行為しないことは間違っている。

前提③　あなたは援助団体に寄付することで、食料、住居、医療の不足からの苦しみや死を防ぐことができ、しかも同じくらい重要な何かを犠牲にすることもない。

結　論　したがって、援助団体に寄付しなければ、あなたは間違ったことをしている。

（シンガー『あなたが救える命』一八頁以下——表記を一部変更）

この論証は一見すると自明のように思われる。だから、援助が道徳的な命令として証明されているようにも見える。しかし、のちに見るように、その論証にたいしては、失敗しているのではないかという批判が向けられている。そうした批判を理解するためにも、それぞれの項目の含意を確認しておく必要がある。

前提①――功利主義の原則

前提①は、貧困者への援助を正当化するには必須のものであろう。貧しさによる苦痛や死が悪であるということが承認されなければ、貧困者への援助はその正当性をかなり失ってしまうからである。また、この前提①は自明であって論証の必要がないようにも見える。しかし、なんらかの宗教のように、こうした苦痛や死が望ましいとする価値観が存在するかもしれない。だが、シンガーは、前提①を認めない者たちを説得しようとしない。そのような者たちはこの論文を読む必要はないと、シンガーは突きはなす。なぜだろうか。ここでは、そうした冷淡な態度を可能にする枠組みについて確認しておく。

シンガーは功利主義者である。功利主義は帰結主義という立場に分類されることがある。帰結主義とは、ある行為の善悪をその行為がもたらす帰結の善悪によって判断する立場であり、善い帰結をもたらす行為がなされるように命じる。功利主義の特徴は、行為の帰結の善悪を決定する尺度にある。功利主義にはいくつかのバリエーションがあるが、オーソドックスな功利主義によれば、ある行為の帰結がより多くの利益を生みだすなら、その行為は善い行為であるとされる。さて、なにをもって利益と見なすべきだろうか。シンガーは、ここで古典的な功利主義にしたがっているように思われる。古典的な功利主義を代表するベンサムやJ・S・ミルにとって、快苦こそが善悪の尺度であった（ミル『功利主義論』）。快を増加させることは善であり、苦を増加させることは悪である。功利主義の枠組みにおいて思考するシンガーにとって、このことはほぼ無条件に受け入れざるをえない前提であって、これを争点化することは避けざるをえない。前提①を認めない者たちに向けられたシンガーの冷淡な態度には、このような背景があるように思われる。

前提②――シンガー原則

前提①によれば苦痛は回避されなければならないが、いかなる場合でも回避されなければならないのだろうか。その問いに答えるのが前提②である。シンガーによると、わずかの犠牲で苦痛が回避できるならそうすべきである。そして、この原則に、多くの者たちは日々したがっている。そのことを示すために、シンガーは思考実験を考案する。

私の大学の図書館から人文学講堂に行く道は、飾り物の浅い池のそばを通っている。講義に行く途中で、小さな子供が池に落ちて溺れそうになっているのに私が気づいたとしよう。私が池の中に入っていって、その子を引っ張り上げるべきだということを否定する人が誰かいるだろうか。そうすれば、私の服は泥だらけになり、講義を中止するか、乾いた着替えを手に入れるまで遅らせることになるだろう。だがそれは、一人の子供の避けられる死に比べればたいしたことではない。

（シンガー『実践の倫理』二六七頁）

このような場面に遭遇したなら、子どもを救うべきだと答える者は多いだろう。しかも、それほど迷うことなく。即座にそのような判断がくだされるのは、そのときある種の直観が働いているからである。しかし、その判断が直観にもとづくのなら、それは普遍性をもたないのではないだろうか。たとえば、そのように異を唱えることもできるだろう。

だが、シンガーの論考にはこのような批判への応答があらかじめ織り込まれている。前提②が記述しているのは、このような直観の背後で働いている論理あるいは原則だからである。聖人君子ではない、ほどほどに倫理的な人物であっても、自身の服が汚れたり他人をすこし待たせたりすることより、子どもの生存のほうが重要であると判断するだろうが、そのとき、その人物は前提②にしたがって判断している、ということである。ここでは、この原則をシンガー原則と呼ぼう。

前提③——負担の程度

前提②、つまりシンガー原則が、多くの人びとのしたがっている倫理原則であるとしよう。前提③では、この原則が寄付行為というより具体的な文脈に適用される。あるいは、寄付という具体的な行為が前提②という普遍的原則のもとに包摂されている、といってもよい。シンガーが想定するとおり、援助機関に一定額を寄付することによって、飢えで苦しんだり死んだりする人びとを幾人かは救うことができるとしよう。もし私が一定額を寄付すれば、そのことによって私は、なにかを購入する自由や、その寄付金を手に入れるために費やした時間を犠牲にすることになる。つまり私の利益は減少する。だが、そのような犠牲は、貧困による苦痛や死にくらべれば、それに匹敵するほどの重大な犠牲ではない。だから前提②を受け入れる者は、援助機関に一定額を寄付すべきである。

かくして結論が導かれる。貧困による苦痛と死というより多くの悪を防ぐことができるのに、援助機関への寄付という小さな犠牲をおこなわないのは悪である。悪をおかさないためには、つまり道徳的に善く生きるためには、ひとは援助組織に寄付すべきである。

ここで、援助機関への寄付の大きさという論点について補っておく。これまで一定額という表現を用いてきたが、具体的にはどれくらいだろうか。さきの論証には含まれていないが、「飢饉・豊かさ・道徳」のシンガーは、限界効用（marginal utility）という水準に達するまで寄付すべきだと主張する。限界効用ということばによってシンガーが考えているのは、それを超えて寄付した場合、防ごうとしている苦痛と同程度の苦痛が寄付者やその扶養者に発生してしまう水準である。要するに、寄付の生みだす苦痛が、寄付の軽減する苦痛を上回ることのないぎりぎりの限界点である。この水準を採用すると、寄付者はその所得の相当部分を寄付にまわさなければならないことになる。シンガーは限界効用までの寄付を求める主張を、強いバージョンと呼んでいる。

シンガーそのひとは強いバージョンの正しさを信じているけれども、譲歩したものとして穏健な弱いバージョンも用意している。前提③は弱いバージョンを表しているだろう。弱いバージョンによれば、援助者のがわの重要な事柄が犠牲にならない限界点まで寄付しなければならない。弱いバージョンでも、現代人のライフスタイルは大きく変容するだろう。衣類の購入という場面で考えてみよう。弱いバージョンを採用すれば、防寒といった最低限の機能を超えて、おしゃれのために高額な衣服を購入することは許されない。おしゃれな衣服を諦めて質素な衣服をまとうとしても、飢餓者の生命に匹敵するほどの重要なものが犠牲になるわけではないからである。弱いバージョンにしたがっても、消費に向けられている所得の多くが寄付へと振り向けられることになる。

ここにも功利主義の発想が活かされている。功利主義は、行為の帰結が影響を及ぼすすべての人物を考慮に入れ、関係者全体の利益の増加——可能ならばその最大化——を目標とする。前提③においては、援助者が寄付することによって失われる利益と、被援助者が援助されることによって増加する利益（あるいは苦しみの減少）とが比較考量される。ある個人が寄付によってみずからの利益を減少させたとしても、その帰結として被援助者全体の利益が増大するなら、寄付という行為は善い行為である。そして、それは善い行為であるのだから、すべてのひとがその行為をなさなければならない。このようにして、功利主義の枠組みをたくみに活かすことで、シンガーは援助の正当化を試みたわけである。

2　義務としての援助

空間的距離の問題

シンガーの論証はきわめてシンプルである。しかし、もしその論証をひとたび受け入れたなら、援助に関する通念が覆されることになる。その通念のひとつが、援助のためにどこまで負担すべきなのかという問題であった。シンガーの論証にしたがうと、援助者は、みずからの生活様式を変えなければならないほどに多額の寄付をなすことが要請されるのである。前節で見たとおりである。さらに、シンガーは三つの通念を覆そうとする。

まずは距離についての通念である。常識的には、異国の他者よりも身近な他者のほうが優先されると考えられるだろう。つまり空間的距離が優先関係の決め手とされるわけである。ところが、さきの推論には距離に関わる要素は含まれていない。だから、シンガー原則（前提②）は、距離の近さや遠さとは無関係に適用されなければならない。飢えている人物が身近な町内にいるのか、地球の裏側にいるのかということは問題にならない、ということである。もし、ある人物が町内の貧困者に救いの手を差しのべるべきだと考えるのであれば、おなじように、その人物は地球の裏側に生きる貧困者に救いの手を差しのべなければならない。飢えた他者への援助という原則は、こうして空間的限界を、だから国境線をこえて妥当しなければならない。

そうした主張をおこなうために、シンガーはふたつの論拠をもちだす。ひとつの論拠は、この世界の現状に関わる。かつて空間的距離は大きな意味をもっていただろうが、今日のグローバル化が進展した状況にあっては特別視すべき要素ではない。情報の得やすさという点でも実行可能性という点でも、かつての援助は、近くにいる者に向けられるほうが確実で有効であっただろう。近くにいなければ情報を手に入れることができないし、そもそも援助をすることが不可能であるから。しかし、そのような想定が説得力をもつのは、空間的距離が避けえない制約になっている場合だけである。現代は通信網や交通網が地球規模に張りめぐらされており、コミュニケーションや物資の移送、ひとの移動が劇的に容易になっている。また専門的なスタッフが援助のために現地に常駐し活動している。このような世界においては、空間的距離は、援助すべきかどうかを判断するための有効な指標ではない。そのようにシンガーは考える。

公平性の原則

もうひとつの論拠は倫理的推論の原則に関わるものである。この原則は公平性の原則ないし平等の原則と呼ばれる。この原則が意味しているのは、こういうことである。ある複数の事柄について、それらのあいだに重要な差異が存在しないのなら、それらは等しく扱われなければならない。たとえば、大学教員という職業にとって性別は重要な差異ではない。だから、この職業への採用に際しては、男性も女性も等しく処遇されなければならない。反対に、ある職業にとって特別な資格が必要であるのなら、その資格を有しているかどうかは重要な違いになるから、その資格の有無に応じて異なった処遇をすることは許される。これが公平性の原則である。

シンガーはこの公平性の原則を援用し、空間的距離にもとづく国際援助批判を無効化しようとする。シンガーによれば、貧困に苦しむ者たちに援助の手を差しのべるときに、その者たちが近くにいるのか遠くにいるのかということは道徳的には重要な差異ではない。それだから、もし近くの貧困者を助けるべきだと考えるなら、遠くの貧困者も等しく助けるべきだと考えなければならない。そうしなければ、公平性の原則に背いて倫理的な判断をくだすことになる。あるいは、倫理的に一貫した考えをもっていないことになる。このようにして、グローバル化という現状と、公平性の原則というふたつの論拠にもとづいて、空間的距離は重要な要素ではないのだと、シンガーは主張する。

義務の除算はできない

シンガーが覆そうとする第二の通念は、「義務の除算」――シンガーはそうした表現を用いていないが――とでもいうべきものに関わる。シンガーは、義務の除算はできないと主張する。さきの救命の思考実験においては、子どもを救いだせる立場にある者たちの数には言及されていない。つまり、溺れている子どもを救いだせるのが、私だけであるのか、それとも複数人いるのかということについて、まったく言及されていない。だから、子どもを救いうる立場にいる者の数によって、子どもを救うという私の義務が増加したり減少したりはしない。子どもを救いだせる立場にいる者が複数人いたとしても、私しか存在しないかのように判断し行為しなければならない。

ひとりだけが溺れた子どもを救う立場にあるのか、それとも複数の人物がいるのかに応じて、心理的な違いが生じることは確かであろう。自身が溺れた子どもの救出を怠ったとしても、他の者たちもまたその子どもを救わなかったなら、罪悪感が小さくなる人物がいるかもしれない。しかし、そうした心理的傾向の存在することが事実だとしても、だからといって、その人物の義務は減少しない。おなじように、異国の貧困者を救いうる者たちが数多く存在しても、一人ひとりの義務は減じない。

義務としての与益

最後の通念は、援助行為がどのような種類の道徳的行為と見なされうるか、ということに関わる。援助は、伝統的には慈善に分類されてきたが、むしろ義務のカテゴリーに含められるべきではないか。そうシンガーは考える。義務と慈善のあいだの境界線が引きなおされねばならない。

この論証はどのような結論をもたらすかといえば、それは、私たちの伝統的な道徳的カテゴリーが覆されるということである。義務と慈善のあいだに伝統的なしかたで境界線を引くことはできない。あるいは、すくなくとも、通常私たちが引くような場所に引くことはできない。

（Famine, Affluence, and Morality, p. 6）

こういうことである。一般に、慈善には「善意にもとづく」ということが、そして善意は強制されないということが含意されている。強制されないにもかかわらずおこなわれるがゆえに慈善は慈善なのであり、だから慈善をなした者は道徳的に称賛される。しかし、強制されないから、慈善的にふるまわないとしても道徳的な非難の対象とはならない。これにたいして、もしある行為が義務であるなら強制の対象となるから、その不履行は許されず、道徳的非難の対象となる。伝統的な線引きによると、援助は慈善のほうに割り当てられてきた。道徳的カテゴリーの伝統的な編成のもとでは、援助の不履行は道徳的非難の対象とはならないのである。一方、シンガーの推論によれば、援助をなしうるにもかかわらず、そうしないことは道徳的に悪である。つまり、シンガーの推論によって、援助はしてもなさなくてもよいような慈善ではなく、なすことが強制される義務として位置づけられる。このような道徳的カテゴリーの再編成をシンガーは提言している。

義務と慈善との対比を理解するために、義務とスーパーエロゲーション（supererogation）との対比に置き換えてみる。スーパーエロゲーションという語には倫理学上の定まった訳語はないようであるが、義務をこえた善行という意味で超義務という訳語がひとつの候補となりうる。スーパーエロゲーションという語は、要求される水準以上に貢献するという意味が含まれているからである。義務も超義務も道徳的な行為である。しかし両者の関係は非対称的である。義務の場合、ある者がそれにしたがうことは当然とされ、したがわなければ非難される。これにたいして超義務の場合、ある者がそれをなすなら称賛されるが、なさなくとも非難されることはない。たとえば、見知らぬ他者の利益になるよう積極的に行為することを思い浮かべればよい。寄付はまさにこうした行為であろう。このように、他者の利益（benefit）となるように行為することを与益（beneficence）と呼ぶとすれば、与益は超義務に分類されることだろう。そして、その延長線上に、他者のためにみずからの利益を犠牲にすることも厭《いと》わないヒロイズムが位置することになる。

だが、シンガーは、異国の他者のための援助が超義務ではなく義務だということを強調する。繰り返せば、援助に際して、他者の利益とみずからの利益を比較し、後者の減少が重大なものとならないかぎり、援助は義務としてなされなければならない。援助のためにペットボトルの水ではなく水道水を飲んだり、コンサートに行くのを止めたりするのは、称賛されるべきヒロイズムではない。むしろ、そのような生きかたをしなければ悪なのだ。慈善と義務の境界線を引きなおすことで、シンガーはこのラディカルな主張を導く。このラディカルさは、とはいえ、多様な批判を呼び起こすものでもあった。このラディカルさは、なんらかの不自然な推論によって可能になっているのではないか。そもそも、シンガーの推論は成功しているのか。そうした批判がシンガーに向けられるのである。次節では、そうした批判の一端を眺めてみることになる。

3　救命モデルの批判

結論は適切か

推論そのものの批判に触れるのに先立って、私の素朴な疑問を述べておく。この疑問は前提③と結論に関わる。前提③は「援助機関に寄付すれば、貧困による苦しみを軽減できる」と述べ、そこから「援助機関に寄付しなければ悪である」という結論が導かれることになる。寄付の正当化という推論の流れに限定して考えれば、もっともなことが主張されているように見える。しかし、もっと一般的に考えた場合、貧困問題解決の選択肢として援助機関への寄付しかあげられていないのは、やはり問題であろう。もし他の手段によっても貧困問題の解決に貢献できるとしたら、どうだろう。寄付はしないが労働力や時間を提供することによって、貧困問題に取り組むこともできる。だが、シンガーの推論では、そのような選択をおこなった人物は援助機関に寄付をしていないから悪をなしていることになる。しかし、これは奇妙ではないか。

たしかに、シンガーが正当化したかったのは援助一般ではなく寄付行為であったのだという応答も可能かもしれない。だけれども、寄付以外のしかたで援助活動をおこなっていても、寄付をしないなら悪である、という主張は、不自然さを拭《ぬぐ》えないのではないだろうか。このような困難を回避するには、前提③に含まれる「援助機関に寄付することで」という限定を外す必要がある。たとえば、「大きな犠牲をともなわない活動をつうじて」というように。あるいは、もしかしたら、シンガーの意図は「どのような人物も例外なしに寄付すべきだ」というところにあったのかもしれない。寄付以外の貢献をしている人物であっても、かならず寄付しなければならない、ということである。それがシンガーの意図であったのなら、このような修正は必要がない。だが、シンガーの意図がどこにあるのかは不明である。

救命モデルからシンガー原則は導けるか

それでは、いくつかの代表的な批判をとりあげてみよう。まず前提②（シンガー原則）に関して疑問を投げかけることができる。これはカリティが提示している疑問である。シンガー原則は、溺れた子どもを救うという思考実験から導かれている。このような思考実験にもとづく推論に救命モデルという名を与えよう。はたして、溺れた子どもを救うという典型的な場面は、シンガー原則を正当化することができるだろうか。カリティによれば、救命の思考実験からは、「すこしの犠牲で悪いことを防げるのなら、そうしないことは悪である」というシンガー原則と同時に、それとは異なった原則も導くことができる。これをシンガー原則にたいする対抗原則と呼ぶことにしよう。対抗原則ではなくシンガー原則を採用することが正当であるということが示されないかぎり、シンガーの推論は成立しない。そうカリティは考える。それでは、カリティが導出可能だと考える対抗原則はどのようなものだろうか。

すぐ近くで引き起こされた緊急事態において、自身にとって比較的わずかばかりの犠牲を払って、［緊急事態の渦中にある――引用者］もうひとりのひとを直接に助けるのを怠ることは悪である。

（Cullity: *The Moral Demands of Affluence*, p. 14）

シンガー原則は、距離的要素によって限定されない一般化された原則であるのにたいして、この対抗原則は「すぐ近くで引き起こされた緊急事態」という距離的要素（近さ）を含んだ限定的な原則である。たしかに、シンガー原則と対抗原則の両者を救命モデルから引きだすことができるように思われる。シンガーは一般的な原則であるシンガー原則を採用したが、そうするためには、限定的な対抗原則を拒否する理由が提示されなければならない。しかし、シンガーはそうしていない。そうであるなら、救命モデルからシンガー原則を導くという目論見は成功していないことになる。この批判が正しければ、それは救命モデルにもとづく論証にとって由々しいことであろう。なぜなら、救命モデルを用いる論証にたいしては、同様の批判を向けることがつねに可能となるからである。

救命モデルは重い負担を正当化するか

つぎに、負担の重さに関する批判である。シンガーの推論にたいしては、援助者に重い負担を課すものだという批判が向けられることがある。この批判は、援助者がどこまで負担すべきなのかという興味深い論点を含むが、ここでは措く。ここでとりあげたいのは、重い負担を求める主張があの論証から正当に導きうるか、という疑義である。「飢饉・豊かさ・道徳」において、シンガーは限界効用まで寄付することを要請した。弱いバージョンでも、人びとは贅沢をつつしみ寄付しなければならないのであった。しかし、この批判によると、そうした重い負担を要求する主張が導かれる際に、シンガーの論証には議論の横滑りが発生しており、それによってかろうじて重い負担を要求する主張が導かれているという。

こういうことである。シンガーが救命モデルを援用したのは、そのモデルが負担や犠牲の軽さを強調するからであった。軽微な負担であるからこそ、溺れた子どもを救うことが義務であると見なされたのである。だが、溺水者の救命にともなう犠牲が過酷なものであったなら、話は別であろう。たとえば、三人の危篤患者への施術を控えた通りすがりの医師の場合、その医師にたいして、患者たちの命と引き換えに溺れた子どもを救う義務があると主張することは困難であろう。このように、救命モデルは負担の軽さに訴えるものであったのに、寄付が問題になるや否や限界効用という厳しい基準が不意に導入される。限界効用という基準が導入されてしまうと、すでに見たように、ひとは相当な負担を受け入れなければならない。しかし、あくまでも救命モデルが訴えているのは、重い負担がかからないという条件のもとでの犠牲なのであった。その点で、救命の思考実験は限界効用までの与益を正当化しない。弱いバージョンであったとしても、それがライフスタイルの変更といった水準まで要請するものなのだとしたら、救命の思考実験によっては正当化されがたいのではないだろうか。

もしこの指摘が正しいのなら、寄付が問題となる段階で、救命モデルには含まれていなかった外在的な基準が密輸されてしまっていることになる。あるいは、軽い負担にもとづいて援助が正当化されたはずなのに、重い負担の援助が導かれるという議論の横滑りが発生してしまっている。もちろん、救命モデルに依拠するかぎり、寄付自体は正当化可能であろう。しかし、重い負担を求める寄付は正当化されえない可能性がある。この批判に近いものとして、リチャーズによる批判をあげることができる（Richards: International Distributive Justice, p. 285f.）。

シンガー原則にたいする反例

つづいて、マギンの批判をとりあげる。この批判は、シンガー原則そのものの不当性を主張する。「それに匹敵するほどの重要なものを犠牲にしないで悪を防ぐことができる場合に、そうしないのは悪いことである」というシンガー原則は、一見もっともらしい。しかし、重要なものを犠牲にしないで悪を防ぐことを要求することが道徳的に容認されない状況がありうる。もしそのような状況が存在するのであれば、それはシンガー原則にたいする反例となる。シンガー原則は論証の要であるから、このような反例が存在するなら、この論証そのものが覆されることになるだろう。これがマギンの論法である。

それでは、どのような反例がありうるのだろうか。マギンはつぎのような例を記す。会話上手の人物がおり、そのひととの会話によって、退屈していたり鬱《ふさ》ぎこんだりしている多くの者たちの生活に活気がもたらされるとしよう。その人物が会話をすることで、重要な事柄が犠牲にされることはなく、また多くの者たちに大きな喜びがもたらされる。この事実にもとづいて、この人物は、人びとの会話の欲求に奉仕するために自身の時間を費やすべきだ、といえるだろうか。シンガー原則を採用すれば、そのような義務が生じることになる。そうマギンはいう。なぜなら、会話上手な人物は、なにか重要なものを犠牲にすることなく、他者の苦痛を軽減しうるからである。

だけれども、そのような主張を受け入れることに抵抗を感じるひとは多いだろう。この例に違和感が抱かれているなら、その違和感はシンガー原則とは別の原則によって生みだされている。その原則とはつぎのようなものである。

ひとは、みずからの目的のためのたんなる手段として他者を利用すべきではない。これは健全な道徳的格率である。しかし、おなじように、ひとは他者の目的のためのたんなる手段としてみずからを利用するべきではない。…［略］…私は自身の人生を、それによって他の人びとがその福利を増加させることができる手段にすぎないと見なすべきではない。

（McGinn: Our Duties to Animals and the Poor, p. 157）

つづめていえば、ひとは他者の幸福や欲求のたんなる手段となってはならないという原則である。この原則にしたがうなら、会話上手の人物は、その会話術によって人びとの苦痛がどれほど緩和されるとしても、だからといって他者の幸福や欲求の手段となって、会話に時間を割《さ》くべきだ、ということにはならない。そのような判断が導かれる。

ここからわかるように、どのような具体例を採用するかにおうじて、異なる倫理原則が導かれうる。「重要なことを犠牲にしないで悪を防ぐ」ことの例として溺水者の救命という例をもちだせば、「悪を防がないのは悪いことである」というシンガー原則が導かれるかもしれない。しかし、会話上手の人物という例をもちだすなら、「他者の幸福の手段となるべきではない」という原則が導かれる。そのように考えると、シンガーが溺れる子どもの例を採用したことは恣意的だといえるかもしれない。そして、恣意的な例示にもとづいて導かれているかぎり、シンガー原則は自明ではないことになる。マギンは、シンガー原則が「一応の義務（prima facie）」にすぎないという。一応の義務とは、それを凌ぐような事情がないかぎりで尊重される義務のことである。

救命モデルを用いることは正当か

最後に、救命のモデルを用いること自体に関する批判に触れる。この批判によると、世界的貧困という大規模な問題を説明するのに、救命モデルはふさわしいのかどうかが問題となる。救命モデルは、特定のだれかが特定のだれかを救うことを基本構造としている。この構造を個人‐個人モデルと呼ぶとすれば、個人‐個人モデルは世界的貧困の構造を理解するのには適切ではない。なぜなら、個人‐個人モデルに依拠すると、豊かな国の人びとには世界の貧困者を救う義務がないという結論が導かれてしまうからである。この批判をおこなったのが、マッキンゼーである（McKinsey: Obligations to the Starving）。

マッキンゼーによれば、多数の貧困者を救うことが問題となる場面では、救命モデルは有効ではない。なぜなら、救命モデルは、個人と個人のあいだに成立する一対一の関係を基礎とするモデルだからである。このモデルによって説明可能であるのは、池で溺れている子どものそばを通りかかった人物にはその子どもを救う義務が生じる、といった単純な状況でしかない。他方、世界的貧困という現実では、そのようなモデルは無効になる。というのも、世界的貧困というのは、一方に多数の飢餓者が存在し、他方に多数の富裕者が存在するような現実だからである。溺れる子どもの救出という場面も世界的貧困という場面も、他者の命を救わなければならないという点では共通しているが、前者のための個人‐個人モデルを後者に適用してしまうと、致命的な困難が生じてしまう。それは、救命モデルにもとづくと、貧困者を救う義務が成立しなくなるという困難である。

こういうことである。個人‐個人モデルを世界的貧困に適用してみよう。そうすると、私は世界の貧困者一人ひとりにたいして援助の義務を負っていることになる。なぜなら、救命モデルは、じぶんの重要な事柄を犠牲にしないでだれかの命を救える場合には、それを救うように命じるだけであって、特定のだれかを優先して救うことを命じてはいないからである。したがって、私は任意のだれかの命を救い、さらには他のだれかの命を救いというように、援助の無限の連鎖のなかに巻き込まれてゆく。このようにして、救命モデルはすべてのひとを救うように要請するわけだが、それはどのような利他的で英雄的な人物にとってもまったく不可能なことである。不可能なことを義務として要求することは不合理であるから、よって、私には貧困者を救う義務がないことになる。

この困難は別のルートからも説明できる。救うべき人物を特定できないという説明である。救命モデルを世界的貧困に当てはめると、つぎのようなことが生じる。数えきれないほど存在する貧困者一人ひとりにたいして、私には援助すべき道徳的義務が生じるわけであるが、特定のだれかを優先するように導く重要な差異が貧困者のなかに存在するわけではない。なぜなら、おそらく援助される人びとはみな私から隔てられた場所にいて、私は彼らのうちのだれとも面識をもたないだろうから。そのような意味で、援助される者たちのなかに、私と特別な関係をもつような人物はいないであろう。そうであるのなら、一部の者を救援し他の者はそうしない、という差別化をおこなってはならない。もしそのように判断すれば、公平性の原則に反することになる（公平性の原則については三四頁を参照）。だから、すべてのひとを救わなければならなくなるが、すでに見たようにそれは不可能な試みである。したがって、私には貧困者を救う義務がないことになる。

このような困難が生じるのは、世界的貧困という問題にたいして、個人‐個人モデルの救命モデルを採用してしまったからである。世界的貧困にふさわしいモデルとしてマッキンゼーが提示するのは、集団‐集団モデルである。つまり、貧困者の集団にたいして、豊かな国に住む者たちが集団として義務を負うと考えるわけである。このモデルで考えれば、たしかに貧困者全員の救命ということも非現実的な不可能事ではないし、また集団としての貧困者を救命するのだから、救命すべき個人を特定することも必要なくなるだろう。

4　救命モデルと日常性

日常性を顧みる

道徳的に見るならば、援助することができるにもかかわらず貧困者を援助しないことは、溺れる子どもに救いの手を差しのべないことと大差がないのではないか。シンガーの論証はこのように主張することを可能にするが、その訴求力はおどろくほどに強い。このことは疑いえない。この主張が突きつけられたとき、私たちの日常生活は別様に見られるようになるだろう。なにを食べるのか、なにを身にまとうのか、なにに貨幣を用いるのかということが、ラディカルに問いなおされるからである。それほどの力をシンガーの論証は備えている。もちろん、これまで見てきたように、シンガーの論証にはさまざまな角度から批判が向けられており、その点で、シンガーの論証が問題含みであったことは否めないだろう。しかし、だからといって、シンガーの論証がもっている力が減じるわけではない。たしかにそれは論理的瑕疵《かし》を抱えているかもしれないけれど、それにもかかわらず、それが、この日常生活を別様の視点から見ることへと導くことは確かである。

それゆえに、本章を締めるにあたって、日常生活との関わりという点からシンガーの救命モデルに批判的な照明を当てたい。焦点となるのはシンガー原則（前提②）である。つまり、みずからの利益を多少損なうことになっても、他者の利益の実現に貢献するよう求める原則である。この原則は与益原則と呼びうる。この原則が日常生活を支配している重要な原則であることは疑いえない。そして、貧困者を援助する際にこの原則が有効であることも疑いえない。だけれども、与益原則にのみ依拠するとき、シンガーの思考は日常的な道徳的生活をどこかで単純化せざるをえなくなっているように思われる。

倫理原則の葛藤

まず指摘すべきは、日常的な道徳生活は与益原則だけで成立しているわけではない、ということである。前節で触れたマギンのシンガー批判は、この事実にもとづいている。マギンの批判が依拠しているのは、別の原則――各人は他者の手段として処遇されるべきではない――が日常生活を支配しているという事実である。説明の便宜のため、この原則を目的原則と呼ぼう。シンガーは、貧困者の救援という目的を正当化するために、与益原則だけを前面に出しそれを優先させるけれど、目的原則は無視しうるのだろうか。もし、目的原則も日常生活を支配しているのだとしたら、この原則もおなじように尊重されなければばならないだろう。そして、一般的な感覚では、みずからの人生を他者の利益のために捧げるのではなく、むしろみずからその人生を決定し、みずからの利益のために用いてよいと、考えられてはいないだろうか。いうまでもなく、与益原則が否定されているのではない。ここで問題としているのは、与益原則と他の原則とが折り合わなくなるとき、どのような調停が可能なのかということである。

つぎに指摘すべきは、与益原則を優先するにしても、与益原則は世界的な貧困者にたいする援助だけを正当化するわけではない、ということである。この世界にはさまざまな倫理問題が存在する。そうした問題の解決にも与益原則は適用される。たとえば、シンガー自身が提唱する動物解放論も与益原則によって正当化されている（シンガー『動物の解放』三一頁以下）。動物解放問題も含めて、与益原則にもとづいてさまざまな倫理問題の解決に取り組む者たちのことを考えてみよう。性差別の問題でもよいし国内の貧困問題でもよい。あるいは、沖縄の基地問題、福島の原発問題でもかまわない。そうした困難な倫理問題を解決するために献身的に努力する者たちのことである。

もしかしたら、その者たちには、世界的貧困問題のために割《さ》くことができる労力や時間や資金に余裕がないかもしれない。それだから、その者たちは援助機関に寄付することができないかもしれない。そのような場合に、シンガーの推論によれば、その者たちは悪をなしていることになる。はたしてそうなのだろうか。そのようにはいえないのではないか。シンガーの推論は、この世界が抱える倫理問題が世界的貧困だけであるという前提のもとでは説得力をもつが、実際にはこの世界は多様な倫理問題の舞台である。

ただし、功利主義の原則を前面に出すなら、貧困問題がなによりも優先されるべきであるという結論が導かれる可能性はある。功利主義は関係者の利益の最大化を目指す立場であった。だから、他の倫理問題とくらべて、もし世界的貧困を解決することによってもたらされる利益が圧倒的に大きければ、功利主義は世界的貧困の解決を優先するように命じるかもしれない。しかし、世界的貧困を解決するまでは他の倫理問題が後回しにされるべきであるという発想は、どこか歪んでいるのではないか。いずれにしても、他の倫理問題がつねに存在し、それらとの関係のなかで世界的貧困が位置づけられなければならないということが、シンガーの推論からは欠落しているように思われる。

倫理的であることの条件

二点ほど私見を述べたが、これらの批判を含め、これまでの批判が炙《あぶ》りだしてきたように、おそらくシンガーの論証はいくつかの綻《ほころ》びを抱えているし、それらの綻びのうちのいくつかは致命的なものである可能性がある。それでも、世界的貧困を倫理学的に考えるために基本的な問題設定をおこなったという点で、シンガーが重要な貢献をなしていることは疑いえない。空間的距離は道徳的に重要な差異ではないという主張、あるいは、回避可能な貧困によって無辜の人びとの命が奪われていることに先進国の住人はすくなからぬ責任を負っているという主張は、私たちの素朴な世界の見方を変更するように導く。あるいは、世界的貧困という問題が、豊かな国の豊かさを享受する者たちの生のあり方を掘り崩す問題であることに、シンガーの論考は気づかせてくれる。

そして、繰り返すなら、なによりもシンガーの論証には否みがたい訴求力がある。それはなぜなのだろうか。可能なら困窮している他者を助けなければならないという原則に、私たちがすでに同意していたからではないだろうか。その原則にしたがう者たちの心に、シンガーの論証は強く訴えるのではないか。だから、同時に、シンガーの論考は読む者を不安にさせる。援助をなさない生活が倫理的に悪なのではないかという不安を引き起こすのである。

もちろん、世界的貧困を解決することと溺れた子どもを救うこととは、多くの点で異なる。世界的貧困問題を解決するためには、もっと大規模な構造への視線が必要になる。その視線が、おそらくシンガーの論証には欠けている。だが、回避可能であるにもかかわらず死んでゆく生命を救うことは義務なのだという主張が、倫理の深層にある「なにか」に触れていることは間違いない。この深層に届いているがゆえに、シンガーの主張はその力強さを手に入れる。この倫理の深層とどのように切り結んでゆくのか。そのことが、シンガーのあとに思考する者たちによって、たえず問われなければならない。そのような問いが持続するかぎり、シンガーの論考は参照されてゆくことだろう。そして、こののちに見る論者たちもまた、この倫理の深層への問いに、それぞれの流儀で答えようとしているのである。

第2章　援助のカント主義——オニールと「カント的に正しい世界」

前章で見たように、若きシンガーは貧困者への援助という問題を、現代の倫理学の表舞台に登場させた。あのシンガーの論証を導いていたのは功利主義という枠組みであった。それは、援助を正当化すると同時に、私たちの生活様式の変更を要求するほどのラディカルさを備えていた。たとえシンガーの論証に綻びがあったとしても、この貢献の意義を否定することは難しい。だが、シンガーのように功利主義という枠組みのもとで思考することには固有の困難がともなうがゆえに、援助論の枠組みを変更しなければならない。そのように主張する論者たちがいる。

この章では、そのような論者のひとりであるオニールと歩みをともにする。オニールの論考はこの国ではほとんど訳されていないが、彼女は、カント倫理学の立場から生命倫理学など多様な問題について発言していることで、広く知られている。貧困問題もまたその問題意識の射程内にある。オニールは、今日の支配的な倫理理論――功利主義と権利理論――を批判し、貧困問題を考えるうえでもっとも適切な倫理理論はカント倫理学なのだという主張を繰り広げる。ここでは、一九八六年に上梓された『飢えの顔』と、それを補完する論文を中心に、カント－オニール的な援助論の可能性の鉱脈を探ってゆく。

1　功利主義と権利理論の批判

倫理問題と理論負荷性

シンガーの論証が正しいとしよう。シンガーの論証は、豊かな国に住む者たちにたいして、現在よりも多くの負担を要求する。シンガーの援助論がそのことを正当化したとすれば、それで事足りるのではないだろうか。この問いにたいして、オニールは否定的に答えるはずである。オニールにとって、どのような理論を採用するのかという問題は死活的な問題である。どのような理論を採用するのかという理論的水準での選択が、どのような援助をいかに遂行するかという実践的水準での選択に深く影響を及ぼすからである。

私たちがどのように問題を知覚するかということと、私たちがどのような行為を指示するのかということの両者が、私たちの倫理理論を反映している。倫理理論は、実践的問題に関する私たちの推論を飾る上品な装飾品なのではない。それは、私たちがなにに焦点をあわせるかということに影響を与える。

（O'Neill: Rights, Obligations and World Hunger, p. 141）

ここで述べられているのは、いわば知覚の「理論負荷性」である。知覚の理論負荷性とは、こういうことである。知覚は対象を中立的に映しだす鏡ではない。むしろ、なにを知覚するのか、どのように知覚するのかといったことについて、知覚はその背景にある理論の影響を受ける。この理論負荷性が倫理的場面においても問題となる、というわけである。私たちは、特定の倫理理論に影響されて問題を発見し、その解決策を思考する。

シンガーの論証にそくして、そのことを確かめることもできる。シンガーの枠組みにしたがうと、貧困が悪として認識され、貧困問題に無関心であるような生活も悪として認識される。なによりも、豊かな国に住む者たちによる援助が道徳的義務として正当化される。しかし、功利主義の枠組みで思考されるかぎり、注目されるのは援助という行為のもたらす帰結——どれだけの貧困者が救われ苦痛が減少したか——である。たしかに、それは大切な視点である。しかし、帰結以外の事柄、たとえば援助はどのように遂行されるべきなのか、あるいは援助される者たちをどのような者たちとして遇すべきなのかといった論点について、多くは語られないことになる。もしかしたら、援助をつうじて援助者と被援助者とのあいだに一種の権力関係が成立するかもしれない。そうだとしても、シンガーの枠組みのもとでは、そうした問題が視野に入らない可能性がある。

あるいは、シンガーの枠組みでは、一定額の寄付をすれば、豊かな国の住人たちは道徳的にふるまったことになる。もちろん寄付は重要である。しかし援助者と被援助者とのあいだに成立する倫理的関係は、援助者が寄付をなしさえすれば満たされてしまう類いのものだろうか。かえって、寄付の重要性を強調する理論構成を採用することによって、なにか大切なことが見落とされているのではないか。こうしたかたちでシンガーの論考を問いなおすこともできる。オニールそのひとは、シンガーというより、広く功利主義を批判しようとしている。したがって、オニールがどのようにして功利主義を批判したのか、その消息をまずは追いかけてみることにしよう。

時間幅と意図せざる結果

オニールの功利主義批判は多岐にわたるが、ここでは二点に絞る。第一の批判は、功利主義の帰結主義的な側面に関わる。すでに見たように、帰結主義とは、ある行為の善悪をその行為がもたらす帰結の善悪によって判断する立場であった。しかし、貧困問題の場合、帰結の善悪を知ることには困難がともなう。その理由はふたつある。ひとつは時間幅である。援助という行為がおこなわれたとして、その帰結はどの時点で確定されるべきなのだろうか。というのも、短期的な時間幅が採用されるのか、それとも長期的なそれが採用されるのかに応じて、行為の帰結と見なされるものが変わるからである。

たとえば、一定数の飢餓者が存在し、その人びとに援助がおこなわれ、その人びとが飢餓からひとまずは解放されたとする。しかし、この飢餓は経済制度の欠陥によって生みだされており、援助がおこなわれたためにこの欠陥を改めようとする動きが停滞し、その結果としてさらに多くの飢餓が生みだされたとしよう。この場合、援助がもたらした帰結はどちらなのだろうか。短期的には、飢餓から解放されたことが援助の帰結であると判断されるかもしれない。しかし、このような判断は恣意的だとはいえないだろうか。長期的な時間幅で見れば、援助がより多くの飢餓を生みだしているからである。どの時間幅を採用するのかということを決定することができないなら、帰結の善悪を知ることは不可能になるだろう。ちなみに、長期的な時間幅という観点から援助の無効性を指摘したのが、ハーディンの広く知られた論文「救命艇倫理」である（Hardin: Lifeboat Ethics）。

もうひとつの理由はつぎのようなものである。帰結主義は行為とそれがもたらす帰結との因果関係を知らなければならない。つまり「このように行為すれば然々《しかじか》の帰結が生じる」といえなければならない。しかし、むしろ、貧困問題に関しては、なにかをなしたことによって意図せざる結果が生まれてしまうということが常態なのではないだろうか。経済や気候、文化、政治制度といった多様な変数が複雑に絡みあうからである。たとえば、貧困からの脱出のために換金作物への転換が推奨されたことから、貧しい自給自足の農民たちの生活基盤が解体され、貧困が悪化するということが起きてしまう。政治的な腐敗が遍在しているような地域では、支援物資の横流しなどが横行しているから、むしろ貧しくはない者たちに物資が届けられるということが起きてしまう。こうした意図せざる結果を防ぎうるような、つまり帰結の正確な予測を可能にする完全な知は存在するのだろうか。オニールの答えは否定的である。

イデオロギーとしての功利主義

このようなふたつの根拠から、帰結を重視する理論構成の不確かさが批判されることになる。さらに、第二の批判が加えられる。それは功利主義のイデオロギー批判とでもいうべきものである。功利主義によれば、利益を増加させる行為が善い行為であるのだが、しかし、なにが利益であるかをニュートラルに決定することは可能だろうか。むしろ、なにが利益であるかに関する判断は、その判断をくだす者の位置――制度的、文化的、経済的――を反映してしまうのではないか。その結果として、判断をくだす者によって意識的、無意識的に構成された利益が、被援助者の利益として強いられてしまうのではないか。オニールの批判の趣旨はそうしたものである。

ひとはタブラ・ラサの状態で現実に臨み、ニュートラルに帰結の計算をおこなうわけではない。学者といわれる専門家であったとしても、その学者の専門分野で用いられる一定の概念の格子にもとづいて考え判断する。なにが問題であり、なにが解決策なのか、解決策は成功したのか失敗したのかといったことについて、専門家はその専門的な概念をつうじて判断する。ある種の専門家は、貧困の解決には経済成長という手段が最善だと考えるかもしれない。しかし、被援助者は伝統的な自給自足の経済が好ましいと考えていたらどうだろうか。このような不一致が生じた場合、専門家の推論を優先するなら、帰結主義はまさしくトップダウン式のエリート主義になってしまうことだろう。

実践的な者たち、つまりNGOといった組織や国連のような諸機関に所属する者たちも同様であって、そうした者たちは、みずからの活動を可能にする制度的枠組みを背景として、あるいはその組織を支える中心的な価値観にしたがって考え判断するだろう。

利益と損害の計算は、その場合、熟考者の態度によって、そして、なにが利益でありなにが損害である（あるいは、あるべき）かということについての既存の体制的見方によって、容易に方向づけられる。

（O'Neill: *Faces of Hunger*, p. 71）

しかし、援助が専門家の中心的な価値観のもとでおこなわれることは、はたして倫理的に正当なことなのだろうか。そして、功利主義にはこうした困難を回避する回路が備わっているのか。そのようにオニールは問う。

権利理論の批判

オニールの批判は権利理論にも向かう。権利理論は功利主義とならぶほどの大きな影響力をもつ。権利理論にもとづくなら、行為の善悪を定める基準は、権利を侵害しているかどうか、あるいは権利を尊重できているかどうかという点に求められるだろう。貧困問題についても貧困者の権利の問題として論じることが可能であるならば、権利理論は貧困者への援助を正当化するための有力な候補となる。貧困を権利侵害として理解することが可能になるなら、援助は権利の実現のための手段として正当化可能になるからである。

だけれども、オニールは権利理論を批判する。その理由はふたつある。ひとつは、権利理論の内部にある葛藤である。権利理論は自由権の系譜と、社会 - 経済権の系譜からなる。後者には、最低限の生存手段への権利である生存権が含まれる。貧困状態は生存権が毀損されている状態だと考えることができるから、生存権に依拠することによって、貧困問題の解決を正当化しうることになる。だが、権利理論のなかには、生存権を派生的な権利として貶《おとし》める系譜が存在する。自由権を重視する系譜である。こうした葛藤を克服しえていないかぎり、権利理論に援助論を依拠させることはできない。そうオニールは考える。

もうひとつの理由は、権利概念の空虚さである。オニールによると、権利はそれを支える義務によって可能になる。それだから、どのような義務がだれによってどのように遂行されるのかが明確にならなければ、当該の権利は実現しない。これこそが、オニールの権利理論批判の中心にある発想である。義務によって権利が支えられているかぎり義務のほうが権利よりも根源的であって、したがって義務こそが倫理学的思考の基礎とならなければならない。このふたつの理由から、オニールは、権利理論を棄却し、義務論の思考が優位にたつと述べることになる。なお、権利理論にまつわるこれらの論点については、第5章でふたたび触れることになる。

2　カント倫理学へ

カント倫理学とは

功利主義と権利理論という現代の代表的な倫理理論への批判をつうじて、オニールはそれらに対抗可能な倫理理論が必要とされることを示唆する。いうまでもなく、それはカントの倫理学である。しかし、世界的貧困という問題場面において、はたしてカント倫理学はどこまで有効なのだろうか。というのも、形式的‐抽象的であるがゆえに具体的な行為を導くことができないという批判が、カント倫理学にたいして向けられるからである。カント倫理学を代表する概念装置といえば定言命法の定式であるけれども、たしかに定言命法の定式は具体的な行為を命じるものではない。このような倫理学は、世界的貧困という大規模で焦眉の問題を考えるには決定的な弱さを抱えてはいないだろうか。こうした懸念を払拭するためにオニールが構築しようとするのが、「世界的飢餓と開発にたいするカント的アプローチ」（*Faces of Hunger*, p. 145）である。

しかし、すこしさきを急ぎすぎたようである。まずはカント倫理学の理路を確認しておかなければならない。カント倫理学は、帰結主義と対立するものと考えられている。帰結主義は行為の善悪をその帰結によって判断する立場であった。帰結主義的な発想にたいしては、つぎの異論を向けることができる。つまり、行為の善悪は、本当にその行為がもたらす帰結によって決定されるのだろうか、という異論である。正直であることについて考えてみよう。正直であることによって、とりたてて善い帰結が生じないかもしれない。そのようなときには正直である必要はないのだろうか。そのように問うと、その帰結にかかわらず、正直であることはそれ自体が善いことであり、そうであるがゆえに正直であるべきだという発想が要請されることになるだろう。このように、善悪の基準を帰結以外の要素に求める立場を非帰結主義と呼ぶことがある。カント倫理学は、非帰結主義的な発想の一角を占め、ときに義務論に分類されることがある。

義務論によれば、ある行為の道徳的な善さは、その行為に先立って与えられる義務にもとづくかどうかに応じて決定される。そして、善いと確定された行為は、その帰結という要素とは独立に無条件に――カントの用語法では定言的に――遂行されなければならない。行為の善悪が義務との合致によって判断されるとすれば、どのような義務が存在するかを知ることが重要な課題となるだろう。あらかじめ義務のリストが確定しているのでなければ、そのような試みが必要になる。あるいは、かりに義務のリストが存在していたとしても、そのリストに含まれる義務がはたして真に義務の名に値するかどうかが問題となる。

定言命法と普遍化可能性

この義務のリストを見出すための概念装置が定言命法の定式である。定言命法の定式は具体的な内容をもつ道徳的命令ではない。それは、個々の義務が真の義務であるならどのような形式を備えているべきかを命じるものである。それゆえ、『道徳形而上学の基礎づけ』において導入された定式が示すとおり、定言命法の定式はつぎのように極度に形式的なものである。

汝の格率が普遍的法則となることを、その格率を通じて汝が同時に意欲することができるような、そうした格率に従ってのみ行為せよ。

（カント『道徳形而上学の基礎づけ』一〇四頁）

ある格率が道徳的な義務であるなら、それはこの定言命法の定式に合致するはずであり、反対に、それに合致しないなら、その格率は義務ではないことになる。

抽象的であるから、すこし解きほぐしておく。たとえば、ひとは、さまざまな決まりにしたがって行為する。その決まりは、すでに人口に膾炙《かいしゃ》している決まりをみずからの決まりとして採用したものなのかもしれないし、まったく個人的に編みだされたものかもしれない。いずれにしても、このような段階にある決まりはまだ主観的原則にとどまる。これをカントは格率と呼んでいる。各人がてんでにしたがっている格率が道徳的義務であるなら問題はない。しかし、そうである保証はどこにもない。それならば、格率が義務であるかどうかをいかにすれば知りうるだろうか。あの定式でテストすればいい。

こういうことである。もし格率が義務であるなら、その格率にしたがうことをすべてのひとに要請しうるはずである。というのも、義務は基本的にすべてのひとがしたがわなければならない規則だからである。この「すべてのひとがしたがわなければならない」ということが「普遍的法則」という語によって示唆されている。今日の英語圏の倫理学では、義務のこのような特徴を「普遍化可能性」（universalizability）と呼ぶ。反対に、ある格率が普遍化可能性を備えていないなら、つまり例外を許してしまうなら、その格率は道徳的義務として採用することはできない。このように、人びとが主観的にしたがっている格率が義務であるかどうかは、普遍化可能性という基準によってテストすることができる。

強制しない義務

このようにカント倫理学は高度に抽象的な水準にあるが、そうであるがゆえに「世界的な貧困問題にたいしてなんらかの貢献をなすことができるのだろうか」という疑念が向けられる。この疑念をオニールはいかにして払拭するだろうか。オニールは定言命法の定式に忠実な議論を進めてゆく。まず、オニールは普遍化することが不可能である格率を考える。それは強制と詐欺である。他人を強制してもよいという格率から考えてみよう。

> 強制の格率は、すべての行為の基礎となることはできないだろう。というのも、その行為能力が妨げられるひとたち自身は、強制することができないからである。根本的に強制にもとづいている行為は…［略］…カント的根拠により禁止される。このような行為は、その犠牲者には与えられない特権的地位を強制者には認めるのである。
>
> （*Faces of Hunger*, p. 139）

強制の格率は、自分だけが強制し、他者は強制されるだけで強制しないという前提がなければ成り立たない。というのも、もし全員が強制の格率にもとづいて行為するなら、強制される者が存在しなくなるので、この格率にしたがって行為することが不可能になるからである。自分は強制されないという例外の位置にあるときにだけ、この格率は意味をもつ。それゆえに、強制の格率は普遍化することが不可能であるから、他者への強制は禁じられなければならない。あるいは他者に強制しないことが義務となる。同様の論理が、他者を騙してもよいという詐欺の格率についても妥当する。詐欺の格率は、他者は嘘をつかず、自分には例外的に嘘をつくことを容認している。だから、この格率を普遍化することは不可能である。こうして、詐欺の格率は普遍化不可能であるため、詐欺は禁止される。

3 強制のない世界

非強制の義務の意義

詐欺の禁止義務や強制の禁止義務は同意しやすいものであろう。しかし、それらはやはり抽象的であり、どのようなかたちで貧困問題の解決に貢献するのかということが明らかではない。とはいえ、詐欺や強制の禁止を義務として提示するだけでも、多くの事柄が含意される。詐欺の禁止はわかりやすいであろう。たとえば、援助の約束をしたのに履行しないとか、援助額が申し出どおりではなかったとかいったことが、あってはならない。このように、富める国の政府、企業、援助組織などには、貧困者たちとの関わりにおいて、詐欺を禁ずる義務が破られないよう配慮することが求められる。

さらには、オニールの論考には含まれていないが、広い文脈で考えると、詐欺の禁止という義務は奥深い意味をもつことがわかる。たとえば、序論においてミレニアム開発目標について触れた。そのひとつは二〇一五年までに貧困者の割合を一九九〇年の半分にするという目標であった。そうした約束にたいして詐欺を禁ずる義務が適用されるとしたら、どうだろうか。あるいは、過去の援助行為は本当に貧困問題を解決してきたかと考えたなら、どうだろうか。このように考えると、詐欺の禁止という義務は、援助者のがわに思慮深い言動を要求することになるのではないだろうか。

強制の禁止義務を加えると、援助における禁止事項はさらに広がる。強制とは本人の意に反してなにかを強いることであるから、禁止される強制のなかには、殺人、傷害、盗み、脅し、暴行といったような行為が含まれることになる。こうした非強制の義務は援助という文脈でも遵守されなければならないのはいうまでもない。しかし、強制を禁じる義務は詐欺を禁じる義務とならんで自明であり、援助論において特別にとりあげる必要はないものであるように思われるかもしれない。そして、そうであるなら、カント倫理学を援助論に援用する意義はそれほど大きくない。そうした反論が予想される。

経済システムの問いなおし

しかし非強制の義務は深い意味をもつ。さきの説明は、いわば個々の援助主体、援助組織にとっての行動規範という範囲内に非強制の義務を位置づけるものであった。たしかに行動規範として非強制の義務は重要である。だが、非強制の義務は行為主体の行動規範という領域を超えてゆく。非強制の義務は、オニールによって、経済システムを改革するという壮大な課題に結びつけられるのである。つまり、経済システムは強制的なものであるがゆえに、その改革が必要とされる、とオニールは考える。オニールによるカント解釈の面白さは、この世界のありかたを考察するために非強制の義務という視点を採用したことにある。とはいえ、このカント解釈に近づくには、強制をめぐるオニールの思考をもうすこし解きほぐす必要がある。

経済システムが強制的であるとは、どういうことだろうか。他者にたいしてなにかを強制するような経済システムということによって、どのようなことを想定したらいいのだろうか。つぎのように敷衍《ふえん》しよう。たとえば契約のようなことを考えればよい。当事者が本当に対等であるのならば、契約がなされるとき、一方の当事者が他方の当事者になにかを強制するということは起きにくいだろう。しかし、対等者間では対等性を保障するはずのシステムにおいても、弱い立場におかれた者たちは自律的な選択をなしえないことがあり、それだから強制を受け入れるほかないことがある。この論理は貧困問題においても妥当する。

貧困にあえぐ者たちにたいして提供される不利な援助を、彼らは貧困のゆえに拒絶できない、という状況は十分に想定しうる。援助の文脈においてしばしば問題点として指摘される事柄が、そうした強制の例となる。たとえば紐付き援助である。紐付き援助というのは、援助国から支援として送られた資金を、援助国からの食料や物資の購入に当てるという条件のもとでおこなわれる援助形態のことである。紐付き援助においては、資金は支援国に還流してしまう。たとえ紐付き援助であっても、貧しさゆえにそれを受け入れざるをえないなら、そこには強制が潜んでいる。ほかに選択の余地がないからである。あるいは、経済成長のために必要な投資が貧しい国にとって不利となるものであっても、とにかく投資が必要であるという理由から不利な条件を受け入れざるをえないこともあるだろう。当事者は強制を意図したのでなくとも、一定の条件のもとでは、そのような強制が出来《しゅったい》する。

カント的に正しい世界

このように、経済システムが強制を排除できず、また強制を内在化させているとすれば、この経済システムそのものが非強制の義務という視点から問われなければならない。

カント的な正義の中心的要求は消極的である。つまり、行為、政策、制度は、強制あるいは詐欺の根本原則に依拠すべきではない、あるいはしたがうべきではない、というものである。これらの規範は、現在の国際的な経済的、政治的秩序を支えている原則や、具体的な組織、政策、制度が依拠する原則を評価する際に用いることができる。これらの規範はまた、提案された制度や政策、行為について熟慮する際にも用いることができる。（*Faces of Hunger*, p. 146f.）

こうして、定言命法から導かれる普遍化可能な原則――ここでは詐欺と強制の禁止の義務――にしたがって世界を評価し、その原則に沿うよう世界を作り変えるという方向性が、カント倫理学から導かれるのである。オニールはつぎのように断言している。「カント的に正しい世界は、その経済的、社会的、政治的構造が普遍化可能な原則に依拠しているような世界である」(*ibid*., p. 159)。

物質的ニーズへの配慮

これまでの理路によって、たしかに援助や制度の個々のありかたを吟味することは可能になるが、援助そのものが正当化されるわけではない。しかし、オニールによると、詐欺や強制を禁ずる義務のうちには、貧困者たちの物質的ニーズを配慮することも含意されるという。こういうことである。現実世界においては詐欺や強制を締めだすことはできていない。このような世界においては、物質的なニーズが満たされなければ、脆弱な存在としての人間は強制と騙しにたやすく晒されてしまう。その欠乏のゆえに、貧困者は不利な条件を受け入れざるをえない状況に追い込まれてしまうからである。強制や詐欺に晒されることから貧困者を保護するためには、基礎的な物質的ニーズを満たすことが必要とされる。強制を拒否しても生きてゆける物質的状況の実現が求められるというのである。

かくして、詐欺と強制を禁じる義務にしたがって世界を正してゆくことの延長線上に、最低限の物質的な正義という理念が位置づけられることになる。他者による詐欺や強制に陥らずにすむような最低限の物質的ニーズが、この地上に生きるだれにとっても満たされること。この物質的正義という理念を実現することは、たしかに貧困者への援助を正当化する論拠となりうる。

オニールの思考はさらに進んでゆく。正しい制度や政策が確立されたとしても、人間が脆弱で傷つきやすい（vulnerable）存在であるという事態は変化しない。人間が身体的存在でありつづけるかぎり、どのような世界においても人間は傷つきやすいままであろう。傷つきやすい存在であるかぎり、人間は他者による支えを必要とする。たんに詐欺や強制に晒されてはならないという理由からだけではなく、人間の本性である傷つきやすさのゆえに、他者による支えが必要とされる。このように考えるなら、もっと直接的に援助を正当化することが可能になるかもしれない。ことの消息については、節を改めて辿ることになる。

4　援助の正当化

完全義務と不完全義務

前節で見たように、詐欺と強制を禁止する義務を採用するだけでも、援助のありかたについて踏み込んだ提言が可能になる。しかし、このような詐欺や強制を禁ずる義務とは別の視点から、援助論を正当化する可能性がカント倫理学にはなお潜んでいる。このことを明らかにするために、オニールは広く知られた完全義務と不完全義務という枠組みを導入する。これまで検討してきた詐欺や強制の禁止は完全義務に分類されるが、不完全義務もまた援助論の思考を遠くへと導くものである。それでは、不完全義務の論理にしたがうと、どのようにして援助論が正当化されうるのだろうか。この節では、主にこの点をめぐって、オニールの歩みに同行することになる。

さて完全義務と不完全義務はおおよそつぎのような基準で区別される。完全義務は例外を許さない義務であり、だから拘束力が強い義務である。具体的にいえば、殺しや盗みや嘘を禁じる義務である。一方、不完全義務は、完全義務ほどの強い拘束力はもたない義務である。具体的にいえば「困窮に陥っている他者を助けよ」といった類いの義務である。不完全義務は拘束力が弱いから、場合によっては例外が許される。カントの『道徳形而上学の基礎づけ』においては、こうした拘束力の強さに応じた分類のほかに、義務の命じる行為が自己に向かうのか他者に向かうのかということに応じた分類も採用されており、義務は四種類に分類される（自己にたいする完全義務／他者にたいする完全義務／自己にたいする不完全義務／他者にたいする不完全義務）。オニールが注目するのは、他者にたいする不完全義務である。たしかに義務といっても、それは強制力の弱い不完全義務である。だから、義務が命じるようになしえない事例は例外として許容されるが、しかし他者に配慮するように人間は義務づけられている。このことが貧困問題を考えるうえで鍵になる。そのようにオニールは考える。

傷つきやすさと不完全義務

オニールがそのように見通す背景には、そのカント読解を貫く独特の、とはいえ興味深い人間観がある。オニールは、みずからの試みが「起源と憧れにおいて主としてカント的である」と特徴づけつつも、その試みが独自の視点によって補足されていると述べる。ひとつの視点はつぎのようなものである。

第一に、この理論は、人間を抽象的ないし理想的な合理的選択者とは見なさずに、むしろ有限で傷つきやすい合理的存在者と見なすものであり、このような存在は、自身が他者にたいしてどのような義務をもつのかということを問う際に、他者のさまざまな限界を考慮に入れなければならない存在である。（*Faces of Hunger*, p. xiii）

かなり圧縮された内容が含まれているので解きほぐしておく。おおよそ、つぎのようなことが含意されている。人間はたしかに理性的存在ではあるが、しかしなによりも身体的存在である。そうであるかぎり、人間は避けがたく有限な存在であり、傷つきやすさを抱えた脆弱な存在である。人間はそのように有限で不完全な存在であるから、みずからのうちに自足することができず、他者の助けを必要とする。人間は身体的存在であるかぎり、繰り返しそのニーズを満たしつづけなければならないが、身体の不調や欠損によってそれが叶わないことがある。あるいは、個人の身体の限界を超える出来事のなかにおかれるとき、そのニーズを満たすことは困難になる。そうであるがゆえに、脆弱な人間は他者の助力を必要とし、他者の助力によって生きてゆかざるをえない。人間は他者に助力を求めることが運命づけられており、おなじ根拠から他者から助力を求められることが運命づけられている。他者にたいする義務を考える際に考慮すべき限界とは、このような身体とその傷つきやすさのことである。

このことを理解するには反対の事態を考えればよい。傷つきやすさとは無縁の者たちが存在するなら、その者たちの関係はいかなるものとなるだろうか。

身体をもたず、相互に傷つくことのない理性的存在者たちが存在するとすれば、彼らは身体的ないし心理的に互いに依存することはないのであって、彼らにとっては不完全義務の諸原則は存在しないかもしれない。（*Faces of Hunger*, p. 141）

身体的なニーズをもたない存在者は、そのニーズを満たすために他者に依存することは不要となる。おなじ根拠から他者から必要とされることがない。したがって、他者のニーズを気遣うということが意味を失ってしまう。だが、傷つきやすい存在にとっては、そのような気遣いを欠かすことはできない。人間が傷つきやすさを抱えた存在であるという、ある意味では当然の、しかし理論的な水準ではしばしば見落とされることがある事実が、他者にたいする不完全義務の人間学的根拠となっている。そのようにオニールは考える。

不完全義務に支えられる世界

人間の傷つきやすさという根本的な事実に定位するとき、この世界のありかたも不完全義務の原則にしたがって評価される対象となる。前節で見たように、オニールによって解釈されたカント倫理学は、詐欺や強制を禁ずる完全義務にしたがって世界が構築されるよう要請する。しかし、この世界はまだそのように構築されていない。人間がそのような世界に生きなければならないという事実は、不完全義務を要請する根拠となる。

現実の人間は自足していないから、彼らは（理想化された理性的存在とは違って）たんなる正しい社会を理性的に追求することはできないだろう。彼らはまた、多くの現実の社会制度が正しい原則にもとづいてはいないことを恐れ、原則においては正しい社会も実際にはしばしば不十分であることを恐れる理由をもっているから、彼らは正義をこえて進み、相互尊重、援助、技術と能力の開発を提供するような、行為の伝統と習慣とを保障しようと努めなければならない。
（*Faces of Hunger*, p. 159）

私たちが生きるこの現実世界の実情は、正しい世界、つまり完全義務が実現された正義の世界ではないし、最低限の物質的ニーズが一様に満たされた世界でもない。そのような不全の世界においては、本来は完全義務によって満たされるべき必要も、不完全義務をつうじて満たされるほかない。「制度的構造が正義からほど遠い現在にあって、しばしば不完全義務は、人間的ニーズにたいする不完全であっても唯一の応答であるかもしれない」

(*ibid.*, p. 160)。このようにして、オニールは、不完全義務という概念装置を用いて、貧困者にたいする援助の義務を正当化することになる。

目的の定式

かくして、傷つきやすさに定位したカント解釈と、それにもとづく援助論という輪郭が明確になる。そして、この輪郭をもっと鮮明に描くこともできる。定言命法のもうひとつの定式を援用することによってである。「目的の定式」である。オニールそのひとは『飢えの顔』において、この定式を前景化させてはいない。しかし「世界的飢餓を終わらせる」という論考には、この定式に焦点をあわせた論述がある。ここではその論考に停留する。

それでは目的の定式とはどのようなものだろうか。ふたたびカントから引く。

汝の人格やほかのあらゆるひとの人格のうちにある人間性を、いつも同時に目的として扱い、決してたんに手段としてのみ扱わないように行為せよ。

(『道徳形而上学の基礎づけ』一二九頁)

つづめていえば、他者を目的として扱えということであるが、すこしだけ敷衍する。ここに登場する人格という語は、物件と対比するとその意味がわかりやすくなる。物件、つまり〈もの〉の価値は手段的なものである。物件はなにかの役に立つかぎりで価値をもつ。たとえば、ナイフはなにかを切る道具であるかぎりで価値をもつ。だから物件の価値は相対的である。これにたいして、人格、つまり理性的な存在としての人間は、絶対的な価値をもっていて、その価値はなにかの手段であるかどうかということから独立している。したがって、それ自体として尊重されなければならない。人格がこのような価値をもつのは、それが物件や動物にはない性質を、つまり理性的に考えたり行為したりする能力を備えているからである。

私が関わる他者が人格であるとき、私は、その他者が人格であるという事態にふさわしく行為しなければならない。もし、他者が道具であるかのようにふるまったなら、私は他者を物件へと貶めていることになる。もちろん、現実の生活においては、しばしば他者を手段として処遇せざるをえない。職業的関係や役割関係などにおいて、他者は私になにかをしてくれる手段的相貌をもって立ち現れる。だけれども、つねに他者を同時に目的として扱わなければならないのである。他者を手段として用いるときでも、同時に、他者にたいして、そのひとが人格であるようにふるまわなければならない。

目的としての他者

詐欺や強制の格率は、明らかに目的の定式に背くものである。他者を騙すことは、みずからの利益のために他者を利用することである。そしてまた、他者に強制することは、他者の意志や判断を無視し、他者を私の意志を実現するための手段として利用することである。それだから、目的の定式は詐欺や強制をなさないように要求する。しかし、目的の定式が要求していることは、それにとどまらずもっと強いものである。それは、他者を理性的で自律的な存在として扱うことを要請する。そのようにオニールは解釈する。

> 他者を目的そのものとして扱うためには、私たちは、ただ他者をたんなる手段として扱うことを避けなければならないだけではない。私たちはまた、他者をそれ自身の格率をもった理性的で自律的な存在として扱わなければならない。
>
> （O'Neill: Ending World Hunger, p. 262）

他者を理性的で自律的な存在として扱うためには、他者はそのような尊重に値する境遇になければならない。つまり、他者は理性的で自律的存在でなければならない。だが、人間は傷つきやすいがゆえに、著しい貧困によって理性的な判断能力や行為能力を失ってしまったり、人格にふさわしい生活をおくることができなかったりする。そのような場合に、ある人物の理性的‐自律的存在であるという事態は危機に陥る。そのとき、そのひとが理性的存在、自律的存在として尊重されず、むしろ軽視されてしまう危険性が高まる。なぜなら、理性的な判断能力や自律した行為能力が損なわれてしまうとき、貧困者は、強者による詐欺や強制に容易に屈してしまい、強制者や詐欺者によって手段として扱われてしまう可能性が増すからである。強制や詐欺に屈することを避けるためには、他者からの支援と援助が不可欠である。繰り返すなら、人間は自足しえないからである。それゆえに、人格として尊重されうるようになるまで他者の境遇を高める義務が生まれる。

> そのような［理性的だが傷つきやすい――引用者］存在たちは、互いを目的そのものとして扱うためには、自律した行為のための互いの能力を損なわず、むしろ維持し拡大するような原則に、みずからの行為をもとづけなければならない。
>
> （Ending World Hunger, p. 262）

異国の貧困に苦しむ者たちが、私たちと同様の理性的な行為主体でありうること。そのことを保障するよう目的の定式は要請する。そして、貧困が理性的な行為主体としてのありかたを妨げるのであるから、その定式は貧困の消滅も要請する。だからオニールはいう。「カント主義者たちは、飢餓を予防し削減し改善するために、自身がなしうることをなすように要求される」（*ibid*., p. 262）。

カント倫理学の射程

人間は傷つきやすいがゆえに、他者への援助が要請される。このような結論は、ある意味では平凡なのかもしれない。また、貧困者への援助が義務として重要であるという論旨だけをとりだせば、たしかにシンガーの結論と大差はない。しかし、たとえば、シンガーの議論と比較することで、カント倫理学からはある種の特徴を導きだすことができる。シンガーの救命モデルは援助をたしかに正当化する。しかし、どのような援助がどのようになされるべきかという問題については、シンガーのモデルは沈黙していた。緊急の食料援助であれなんであれ、援助の結果として被援助者の利益が増大するなら、その援助行為は正当化されるのであろう。しかし、カントの倫理学にそくすなら、もっと多くのことが思考の対象となる。援助の文脈でも被援助者にたいする詐欺や強制は禁止されなければならないし、また被援助者は目的そのものとして遇されなければならない。このように援助の具体的な姿を評価する尺度として、カント倫理学は貢献しうるのである。

そして、オニールが強調したように、そもそも世界それ自体が定言命法にしたがって正されなければならない。貧困状況にある他者が傷つけられ脅かされることのない世界という壮大な理念が、定言命法の定式という概念装置から導かれるのである。完全義務と不完全義務という基準をつかって経済的制度や社会的制度を測り、作り変えること。他者をたんに手段としてではなく、道徳的な行為主体として尊重しうる世界を構想すること。カントの読み替えによって、援助論が大きなスケールで正当化されている。そのような解釈をつうじて、オニールは、カントの豊かな社会哲学的可能性を引きだしている。そのことは否定しがたいように思われる。

第3章　加害としての貧困——ポッゲの消極的義務論

援助を正当化するためにどのような倫理理論を用いるかという点で、たしかにシンガーとオニールのあいだには違いがあった。だけれども、援助は慈善ではなく義務であると見なす点では、両者はおなじ枠組みを共有している。この章でとりあげるポッゲもまた、貧困問題への取り組みを義務と見なす。ところで、ある種の分類によれば義務は消極的なものと積極的なものとに分かれる。消極的義務は他者に危害を加えることを控えるように命じる義務である。他方、積極的義務は他者のために貢献することを命じる義務である。世界的貧困にたいする援助の義務はいずれの義務だと考えるべきなのか。ポッゲの主要な問いは、そのようなものである。

ポッゲの立場が際立つ理由は、この区分における援助義務の位置づけを変更したことである。ある種の通念では、困窮者への援助は積極的義務であると見なされる。だから、この通念を踏襲するなら、世界的貧困者への援助義務も積極的義務と見なされるだろう。だが、ポッゲは、それが消極的義務であると考える。異国の他者を貧困状態におくことは一個の加害行為であって、したがって他者に危害を加えることを禁ずる消極的義務に反するというのである。だから、消極的義務を遵守するためには、世界的貧困が解決されなければならないことになる。あるいは、消極的義務の履行として、援助はなされなければならない。しかし、ポッゲはなぜそのような発想を採用するのだろうか。そして、そのような発想は正しいのだろうか。この章では、ポッゲの主著である『世界的貧困と人権』（邦題『なぜ遠くの貧しい人への義務があるのか』）にそくして、消極的義務にもとづく援助論の可能性を見届ける。

1　消極的義務と積極的義務

消極的義務か積極的義務か

『世界的貧困と人権』の登場によって、世界的貧困問題を論じるための用語系が変更された。そのように評されることがある。ジャガーは、つぎのように述べる。

『世界的貧困と人権』は、グローバルな正義に関する西洋哲学の議論の用語を変化させた。とくに、前例のない豊かさと同時に生じている深刻で広範な貧困にたいして、豊かな国々の市民たちがどのように道徳的に応答すべきなのかということに関する議論の用語を変化させたのである。

（Jaggar, *Thomas Pogge and His Critics*, p. 1f.）

端的にいえば、義務に関して異なる用語が用いられたということである。ポッゲの議論においては消極的義務と積極的義務という区分が鍵となるが、ポッゲによれば貧困の解決は積極的義務としてではなく消極的義務として理解されなければならない。しかし、そもそもなぜ貧困問題を思考するにあたって、消極的義務と積極的義務という区分がもちこまれなければならないのか。そして、なぜ消極的義務という視点から貧困問題が考えられなければならないのか。はじめに、この論点について見通しをつけておく。

おおづかみにいえば、消極的義務と積極的義務の差異は、その義務の課された人物がどのようにふるまわねばならないか、という点に求められる。X氏に消極的義務が課されるとすると、X氏は加害的な行為を差し控えるように義務づけられる。加害的な行為の差し控えが求められるという意味で、加害的な行為を禁ずる義務は消極的である。具体的には、殺害や暴行などの加害を抑制することが消極的義務に分類される。これにたいして、X氏に積極的義務が課されるとすると、X氏には、加害的行為を控えるだけでなく、それ以上のことが、つまり他者に貢献することが義務づけられる。他者に貢献するよう求められるという意味で、そのような義務は積極的と呼ばれる。

困窮した他者への援助が義務だとすれば、それは積極的義務に分類されるのが通常だろう。なぜなら、援助とは、他者への危害を控えるだけではなく、それ以上のこと――食料や生活物資の提供など――をおこなうことだと考えられているからである。世界的貧困への援助も積極的義務として位置づけられるなら、それは世界的貧困問題の解決にとって重要な意味をもつ。なぜなら、援助は義務をこえる超義務と見なされるのが一般的だからである。援助が超義務から積極的義務へと昇格すれば、援助に向けた拘束力も強まる。

ところが、ポッゲは世界的貧困への援助を積極的義務へと昇格させる試みでは不十分だと考える。なぜだろうか。積極的義務と消極的義務とを比較するなら、後者の拘束力のほうがより強いとされるからである。援助が積極的義務であるとされていながら、貧困が消滅していないという現実を深刻に受けとめるなら、援助はもっと拘束力の強い義務のもとに分類されるべきではないか。つまり、援助を消極的義務として位置づけるほうが適切ではないか。ポッゲが積極的義務としての援助という発想にたいして批判的であるのは、彼がそのような見解の持ち主であるからにほかならない。

リバタリアニズムと消極的義務

ポッゲが援助を消極的義務と見なすのには、もうひとつの背景がある。積極的義務にくらべて消極的義務のほうが多様な理論的立場にとって受け入れやすいと考えられるのである。他者に危害を及ぼしてはならないという倫理原則は、どのような理論的立場にたとうとも、おそらく採用することが期待される原則であろう。だから、ポッゲは、消極的義務にもとづくアプローチを「超教派的」と呼ぶ（ポッゲ「現実的な世界の正義」一〇四頁）。こうして、ポッゲは、さまざまな立場の者たちでも受容可能なものとして援助論を正当化しようと試みることになる。

この超教派的な戦略を採用することによって、ポッゲは、今日のリバタリアニズムのように、他者への援助を義務とは見なさない立場に挑もうとしている。たとえばノージックが、そのような立場を代表しているといえるだろう（ノージック『アナーキー・国家・ユートピア』i頁以下）。しかし、もし援助が消極的義務であるのなら、そうした立場からも世界的貧困問題の解決に向けた同意を手に入れる可能性が高まる。なぜなら、リバタリアニズムのような立場であっても、消極的義務の存在を、それゆえにその遵守の必要性を承認するはずだからである。

さて、もし世界的貧困を放置することが他者への加害を禁じる消極的義務を破ることだとしたら、事態はどうなるだろうか。もしこの想定が正しいのなら、上述の論理によって、世界的貧困問題の解決は消極的義務にもとづくものとして要請されることになる。つまり、貧困の放置が危害として説明され、この危害を回避することが消極的義務の履行として要請されることになるだろう。この理路が正当であるとするならば、世界的貧困の問題は、消極的義務を遵守することとして取り組まれなければならないことになる。このように問題設定を変更するならば、援助一般の義務化には懐疑的な立場であっても、世界的貧困者への援助は消極的義務の履行として受け入れざるをえないことになる。それがポッゲの見立てである。

消極的義務としての救命

やや抽象的な説明がつづいたので、具体的な場面にそくして消極的義務と積極的義務の問題を解きほぐしてみる。ここでシンガーの用いた場面を援用しよう。つまり、溺れる子どもを救助するという場面である。池のなかで子どもが溺れている。その様子をYとZのふたりが目撃している。シンガーの救命モデルでは、YもZもともに、そして等しく、この溺れる子どもを救助する義務を負っていた。だが、つぎのような事情が判明したなら、事態はどうなるだろうか。Yはたまたま池のまえを通りかかったにすぎないのにたいして、Zはこの子どもを池に突き落としたのである。この場合、YよりもZにたいして、救助の義務が強く課されるのではないか。なぜこの差異が生まれるのだろうか。

Yが溺れた子どもを救うべきであることは、積極的義務によって説明できる。つまり、他者の利益に貢献すべきであるという積極的義務の履行を求められるから、Yはこの子どもを救うべきだという説明も可能である。他方、Zがこの子を救うべきなのは積極的義務のせいではないだろう。むしろ、このような状況を生みだしたのはZにほかならず、この状況にたいする責任がZにあるがゆえに、Zは救助しなければならない。だから、Zの責任は、他者への危害を禁ずる消極的義務のゆえに生じる。Zは、消極的義務にもとづいて、その子どもを救うことが要請される。そうであるがゆえに、ZはYよりも強く救助するよう要請されるのである。

同様の例をポッゲも考えている（Pogge: Assisting the Global Poor, p. 552f.）。ポッゲは、田舎道で怪我をした子どもを救助する例をあげる。たまたまその場に出くわした人物と、事故でこの子どもに怪我をさせたドライバーでは、後者のほうに強い救助義務が課せられるし、もしドライバーが救助せずに放置したなら、強い非難に晒されるだろう。なぜなら、ドライバーは消極的義務に背いているからである。ポッゲはこの理路を世界的貧困という文脈に適用する。ポッゲによれば、豊かな国の住人が世界的貧困を放置しているのなら、彼らはこの例に登場するドライバーと道徳的に同等の位置を占める。先進国に住む者たちは加害を禁じる消極的義務を破り、貧困者たちに危害を加えているのである。だから、先進国に住む者たちは貧困の解決のために行動するよう強い義務が課される。だが、貧困の放置は加害だといえるのだろうか。そうだとして、なぜだろうか。この問いにポッゲはどのように答えるのだろうか。これが次節の話題である。

2　危害としての貧困

危害の再定義

ポッゲの『世界的貧困と人権』という本は大部であるけれども、その論述を支える基本的な発想は単純である。すでに見たように消極的義務の遵守という発想である。シンガーの論証にならうなら、ポッゲの主張はつぎのような論証に根ざしている。

前提① 他者に危害を加えることは悪であり、差し控えなければならない。
前提② 世界的貧困の放置は、貧困者に危害を加えることである。
結　論 ゆえに、世界的貧困の放置は悪であり、差し控えなければならない。
（あるいは貧困の放置による加害は補償されなければならない。）

前提①は、他者への加害を控えるべきであるという消極的義務の主張である。前提①を否定するのは難しいだろう。この論証において問題になるのは前提②である。前提②は自明なことではないからである。前提②が主張するように、世界的貧困を放置することは加害行為であるといえるだろうか。前提②は、ポッゲの主張の中心に位置すると同時に、多くのポッゲ批判が向かう対象である。それゆえに、ポッゲがいかにして前提②を主張するのか、この点について確認しておかねばならない。

一般的な語感からすると、危害を加えるとは、ある人物が他の人物にたいして意図的に物理的な暴力を加える、ということを意味する。しかし、世界的貧困という場面で、そのようなことが成立するだろうか。私は世界的貧困者の大多数にこれまで一度も出会ったことがなく、これからも出会うことがないだろう。そのような他者たちに、私が危害を加えることはどのようにして可能だというのだろうか。そもそも、私はだれかを貧困状況に陥れようと試みたことなどない。常識的に考えれば、このような生活をおくっている者が世界的貧困をつくりだし貧困者を苦しめている、とはいいがたいはずである。

基準線の侵害としての危害

そうであるのに、私たちは貧困者にたいして危害を加えている。ポッゲはそのようにいう。しかし、前提②を主張するためには、暴力を直接に行使してはいないにもかかわらず、それでもなお他者に危害を加えているといえなければならない。ところが、すでに見たように、通常の危害概念にしたがえば、そのような主張は不可能である。したがって、前提②を主張するためには、危害概念を再定義することが必要となる。実際、ポッゲはその作業をおこなっている。そのために、ポッゲはふたつの手続きを踏んでいる。ひとつは、危害を直接的な暴力に限定せず拡大して理解するという手続きである。もうひとつは、権利についての考えかたを変更するという手続きである。順に見てゆく。

第一の手続きについて。ポッゲはある種のベースライン、つまり基準線を定めることからはじめる。ポッゲが基準線として採用するのは、国際的に広く承認されているという基本的人権である。ポッゲは、いくつかの基本的な自由、衣食住、教育、最低限の医療の権利などを挙げている。貧困問題との関係で重要であるのは、とりわけ衣食住や医療の権利であろう。そのことは、ポッゲがその著書の序論のエピグラフにおいて「世界人権宣言」第二五条を引用していることからもわかる。貧困を危害として認定するためには、これらの生存権的な内容が基準線に含まれることは不可避であろう。

これらの権利が侵害されるとき、その状況は基準線を下回っている。そして、この状況が回避可能であるにもかかわらず放置されるとき、そこには不正が存在する。そうポッゲは主張する。「どのような制度の設計もそれが回避可能である人権の欠損［human rights deficits］を予見可能であるのに作り出す場合は不正義である」（『なぜ遠くの貧しい人への義務があるのか』五一頁）。あるいは、平和学者ガルトゥングの表現を借りて、つぎのように述べることができる。「ここで重要なのは、客観的に避けることが可能であるにもかかわらず人が飢えている場合、そこには暴力が存在するということである」（ガルトゥング『構造的暴力と平和』一二頁）。

このようにして、貧困や飢餓が危害として認定されうるとしよう。認定のとおり、それが危害であり不正なものであるならば、そのような状況は正されなければならない。ここで問題になるのは、だれがその矯正の責任を負うのかということである。ポッゲによれば、それは豊かな国に住む者たちである。しかし、豊かな国に住む者たちは、異国の他者たちが貧困に苦しむことを意図して生活してはいないはずである。そうであるにもかかわらず、なぜ豊かな国に住む者たちは責任を負うのだろうか。

権利の制度的理解

ポッゲによれば、豊かな国に住む者たちは異国の貧困という危害を生み出しているがゆえに、貧困問題の解決の責任を有する。このように主張するために、今度は権利についての考えかたが変更される。この変更は、危害概念を改訂するための第二の手続きである。ポッゲはこの変更を説明して、権利の相互行為的理解から制度的理解への変更と呼ぶ。ふたつの権利理解をたくみに対比した例をポッゲそのひとが考案しているので参照しよう。それは、奴隷とされない権利についての例である。相互行為的理解にしたがうと、奴隷とされない権利は個人間の行為に関わる。たとえば、X氏がY氏を奴隷にしなければ、それによってX氏はこの権利を尊重したことになる。かりにZ氏がY氏を奴隷として所有していたとしても、X氏自身はY氏を奴隷として所有していないので、X氏はY氏の奴隷とされない権利を侵害していない。一方、権利の制度的理解では、X氏の立場はまったく異なった相貌で立ち現れる。

対照的に、制度的見解においては、奴隷制を承認し執行する制度的秩序の維持に加担している人々は――たとえ自身では奴隷を所有していなくても――、奴隷の保護や制度改革の推進に向かってしかるべき努力をしない限りは、奴隷制に協力し、消極的義務に違反していると見なされる。

（『なぜ遠くの貧しい人への義務があるのか』二六九頁。訳文を一部変更）

Z氏がY氏を奴隷として所有しうるのは、奴隷を承認する制度が存在しているからである。この場合、X氏自身は奴隷を所有しているわけではないが、しかし奴隷を承認する制度の維持に荷担している。というのも、X氏がこの制度を変えようとはせず、それを放置しつづけるかぎり、X氏はだれかが奴隷となることに手を貸していることになるからである。このように、権利侵害的な不正な制度のもとに生きていながら、その制度を変更しないなら、その不作為は権利侵害的であり加害的であると判定される。そうした不作為は、他者への加害を控えるように命じる消極的義務に反するのである。だから、X氏は奴隷を所有してはいないが、消極的義務にもとづいて権利侵害的な奴隷制度を改変しなければならない。これが権利の制度的理解によってもたらされる帰結である。

ポッゲはこの理路を世界的貧困に適用する。世界的貧困は、生存権をはじめとする基本的人権を侵害するものであり、そのような権利の侵害が発生しているとき、そこには危害が存在している。そして、その権利の侵害が世界規模の制度によって引き起こされているのなら、その制度は正されなければならない。そして、もしある人物――豊かな国々に住む者――がその制度を放置し改変せずにいるのなら、その者たちは権利の侵害に荷担していることになる。もしそのようにいえるとすれば、他者への加害を禁じる消極的義務にもとづいて、その人物は権利侵害的な地球規模の制度を改変するよう要請されることになる。

3　地球規模の加害的制度

グローバル秩序と加害

危害の意味を拡大し権利の侵害を危害のなかに含めることによって、また権利の制度的理解を構築することによって、以下で見るさまざまなグローバル制度が貧困という権利侵害的な危害を生み出しているという主張へと進んでゆくことが可能になる。これまで見てきたのは、このことである。しかし、とつづけなければならない。これまでの議論は、危害や権利を通常の理解とは別の視点から説明するという理論的、概念的な水準でなされてきた。他方、グローバルな制度が貧困を生み出しているという議論は経験的、事実的な水準のものである。そうだとすると、今日の世界的貧困がグローバルな制度によって引き起こされているということが事実として示されなければならない。

なるほど貧困問題は制度によって生み出されるかもしれない。貧しい国々のなかには民主主義が脆弱であったり、政治的エリートたちがときに独裁的であったり腐敗したりしているような事例が存在し、そのような腐敗した国内制度が貧困の原因であることもあろう。だけれども、そうした事例において貧困が人権侵害的な制度によって引き起こされるとしても、その制度はなによりも国内的な制度ではないだろうか。それゆえに、貧困問題の責任を有するのは、そうした国内的制度を構築した政治的指導者たちなのではないか。そのような反論が想定される。ポッゲは、このような説明様式に「説明的ナショナリズム」という名を与え、それを端的に退ける。

……［略］……豊かな国々の市民および政府は——意図的であろうとなかろうと——深刻かつ広範な貧困を、予見可能で回避可能でありながら、再生産するグローバルな制度的秩序を押しつけている…［略］…不遇者たちは、たんに貧しく飢えているのではなく、我々の共通の制度的配置の下で貧しくさせられ飢えさせられているのであり、この制度的配置が不可避的に彼らの人生を形成しているのである。

（『なぜ遠くの貧しい人への義務があるのか』三〇九頁）

それでは、世界的貧困や飢えを生み出しているとされる地球規模の制度とは、いったいどのようなものだろうか。ここでは『世界的貧困と人権』第8章にそくして、三つの論点に触れる。すなわち、グローバルな政治－経済制度、資源からの締め出し、歴史的加害である。

グローバルな制度の強制

第一の論点について。ポッゲによれば、グローバルな制度は貧困を生み出すように構築されてしまっており、だから権利侵害的であり加害的である。グローバルな制度が加害的であるということは、ふたつの側面から指摘することができる。ひとつは、必要な物資が貧困者の手に届くことを妨げてしまうような政治－経済的体制の不備である。もうひとつは、グローバルな政治－経済的制度が、貧困国の政府を腐敗させてしまうことによって、その地域の貧困に寄与しているということである。前者の著しい例としてポッゲが挙げるのはWTO（世界貿易機関）体制である。

私は、WTO体制が市場をあまりにも開放しすぎると文句を言っているのではなく、我々の市場をあまりにも小規模に開放し、我々には自由貿易の便益をもたらしながら世界の貧困層にはそのような便益に手が届かないようにしていると言っているのだ。貧しい諸国民は彼らの生産物を輸出することに対する高い（充分な所得をもたらしうるサービス業に関してはさらに高い）障壁に直面し続けている。また彼らにとって死活的に重要で競争の激しいいくつかの（例えば先端医薬品のジェネリック版の）市場は、世界的独占を容易にするために設計されたWTO諸規則によって閉鎖された。冷戦終了後の世界的な貧困と不平等の背筋が凍るような軌跡は、我々の政府が押しつけることを選んだ経済的グローバル化のとりわけ残忍なある特定の進め方に対するショッキングな告発として理解することができる。

（『なぜ遠くの貧しい人への義務があるのか』四三頁）

グローバルな制度が貧困国の政府を腐敗させてしまうという後者の側面は、ポッゲが資源特権と借入特権と呼ぶものによって説明される。今日のグローバルな政治秩序にあっては、ある国家が独立国家として承認されると、その成立の経緯いかんにかかわらず、そしてまたその政府が非民主的で抑圧的であろうとも、その政府には、つまり支配層には、資源を自由に売ることや（資源特権）、援助国から資金を借り入れること（借入特権）が可能となる。この特権がもたらす利益は莫大である。しかし、そうした利益が貧困者の救済には当てられず、むしろ当該の政治体制を暴力的に維持することに用いられてしまうことがある。あるいは、この特権が、暴力的に政権を奪取したり維持したりすることの誘因となる。さらに、ポッゲによれば、腐敗した政権とのあいだでの武器取引、政府高官への賄賂などによって、それを取り巻く国家や企業も貧困の持続に貢献しているという。

資源からの排除という加害

第二の論点、つまり貧困者が資源から排除されることによって危害を被っているという論点に移ろう。豊かな国の住民であれ貧しい国の貧困者であれ、生きてゆくために一定の資源が必要であることはいうまでもない。だが、資源の消費量には大きな格差がある。

現状において、この惑星から生じる富の専有は非常に不均等である。豊かな人々が世界の資源のあまりに多くを使用しており、しかも彼らのその使用の仕方は一方的であり、その不釣合いなまでに大きい消費についての補償をグローバル貧困層にまったく行っていないのである。（『なぜ遠くの貧しい人への義務があるのか』三一〇頁）

ポッゲによれば、資源をめぐる現在の状況においてはロックの但し書きなど成立しない。ロックの但し書きは、労働所有論による私的所有の正当化が企てられた『統治論』のなかに書かれている。労働所有論では、ある対象に最初に労働を加えた人物がその対象の所有者となる。この論理では、労働を付け加えつづければ、すべての対象を所有してもよいことになりそうだが、ロックはそれを認めない。ロックはある制約を課すからである。なにかを所有することが許されるのは、それを所有してもなお「他人にも十分に、そして同じようにたっぷり」残されている場合だけである（ロック『統治論』二七節）。この制約がロックの但し書きである。だが今日、地上の資源はロックの但し書きを満たしていない。貧困者が資源に接近しようとしても、それはすでにだれか――たとえばグローバル資本――によって所有されているのである。

歴史的な加害

第三の論点は歴史的な加害についてのものである。ポッゲによれば、今日のグローバルな不平等の背景には歴史的な加害という要素があり、現在の世界的な貧困層がおかれた状況を遡《さかのぼ》ると、征服や植民地支配という歴史的な加害へと辿りつく。そうした歴史的加害によってもたらされた不利な状況からその後の歴史を紡がなければならない国々が存在した。

……〔略〕……社会的出発点における極端な不平等は、これら出発点の配分が道徳的諸原理および法的諸ルールが大規模に侵害されていた歴史的過程に依存している場合には容認されてはならない、というのがここでの考え方である。根源的不平等が道徳的に非常に醜悪な歴史によってもたらされることは、許容されてはならないのだ。

（『なぜ遠くの貧しい人への義務があるのか』三一二頁）

歴史的な加害を被った国は、その経済発展のスタートラインにおいて不利な状況にあった可能性がある。そして、このような不利なスタートラインが今日の貧しさに繋がっている可能性がある。もし、そうした状況が歴史的加害によって引き起こされたのなら、その影響は今日の経済格差にも影響を及ぼしていることになる。ある者が貧困国において貧困状況にあることの背景には、このような過去の歴史的加害があるかもしれない。今日の富裕国がその歴史的加害の主体であったとすれば、それらの国が現在の格差構造を放置するかぎり、それらの国ではいまだその加害が継続している。そのように考えることも可能かもしれない。

以上のように、三つの視点から見たとき、グローバル制度は世界的貧困者にたいして加害的に作用している。このことは事実として主張しうると、ポッゲは考えるわけである。こうして、不正な制度を生み出し、それを支えているかぎり、富裕者は、他者への加害を控えるという消極的義務に反しており、したがって、このような制度を改良してゆく補償的義務を負うという、消極的義務にもとづく援助論が可能となる。この援助論を論証するために『世界的貧困と人権』のなかでポッゲが繰り出すさまざまな事例は、たしかに、豊かな社会で生きてゆくことの意味を問いなおさせる迫力をもっている。しかし、そうであるがゆえにポッゲの主張には論争がつきまとう。シンガーの主張がそのような運命から逃れられなかったように。次節では、ポッゲに向けられた批判の一端を検討する。

4　ポッゲ論争

貧困の原因はグローバル制度だけか

世界的貧困の放置は消極的義務を破ることであると主張するために、ポッゲは、グローバル制度をつうじての加害という論点を提示したが、核となるこの論点が論争の中心となる。まずミラーによる批判をとりあげる。ミラーの論点は、ポッゲが貧困の原因をグローバル制度に求めるところにある。ミラーもグローバル制度が加害的であることを否定するわけではない。問題なのは、世界的貧困の責任がすべて富裕国に帰せられるのかということである。この疑念を説明するために、ミラーは思考実験を考案する。

二台の自動車がロータリーで衝突したのだが、自動車Aの運転手が無謀な運転をしたということで、生じた損害に結果責任があると断定できるとしよう。この場合、ロータリーではなく信号機が設置されていたら、このような衝突は起こらなかったかもしれない（運転手Aはロータリーでスピードは出すが、信号無視はしない）。より一般的に言って、信号機が設置されていれば、この交差点では事故はほとんど起こらなかったかもしれないし、ことによるとまったく起こらなかったかもしれない。そこで私たちは、事故の責任は運転手Aではなく、そこにロータリーを設置することにした道路技師にあると結論づけるべきだろうか。

（ミラー『国際正義とは何か』二九〇頁）

事故の責任はだれにあるのだろうか。無謀な運転をしたドライバーだろうか。ローターではなく信号を設置するよう設計しなかった道路技師だろうか。通常の感覚では、ドライバーに責任があると考えられないだろうか。なぜなら、慎重に運転すればドライバーは事故を防ぎえたはずだからである。

さて、この思考実験は国際関係のアナロジーである。道路技師が富裕国、ドライバーが貧困国にあたる。グローバルな制度を設計している富裕国に貧困の原因があると考えるポッゲの発想は、ドライバーの無謀な運転ではなく、ロータリーの設計者に事故の責任を求める発想に等しい。しかし、さきに見たように、それは直観に反するのではないか。ミラーによると、現下のグローバルな制度は不完全であり不正であるかもしれないが、それだけが世界的貧困の原因であると考えるべきではない。むしろ、そうした制度のもとでの貧困国のふるまいもまた貧困の原因になると考えなければならない。ミラーの挙げる例では、一九五七年にイギリスから独立したマレーシアとガーナを比較すると、現在、前者の平均所得は後者の一〇倍となっている。この差は、両国がどのような国内制度を採用したかということを反映している。このように貧困には国内的要因が関わっており、グローバル制度によって一義的に説明しうるものではない。このようにミラーは批判する。

なお、シェイのように、もっと踏み込んだ主張をおこなう論者もいる。つまり、豊かな国に住む者たちは貧困者に危害を加えてはいない、というのである。詳しく触れることはできないが、シェイの言い分はつぎのようなものである。世界的貧困のような集合的に引き起こされる複雑な事象に関しては、豊かな国に住む個々人がどれほど貧困に荷担しているか明らかではない。むしろ、先進国における特定の個人の生活が、大規模な貧困の原因になっているとは考えがたい。なぜなら、その個人が存在しようがしまいが、大規模な貧困は発生してしまうだろうから。また、先進国の住民たちが集団として意図的に貧困者に危害を加えている、ということも考えがたい。以上の個人的水準と集団的水準にもとづくふたつの理由から、豊かな国の住民たちが貧困者に危害を加えているとはいえないと、シェイは考える（Shei: World Poverty and Moral Responsibility）。

消極的義務は万能か

ポッゲは貧困問題を解決すべき根拠として消極的義務をもちだすが、それは、消極的義務の拘束力が積極的義務のそれよりも強いと考えるからであった。だが、貧困問題を消極的義務という視点から考察するだけで事足りるだろうか。もし貧困問題が消極的義務という視点には包摂できないような広がりをもっているとすれば、消極的義務に依拠した援助論からこぼれる事例が存在するだろう。この点に触れたのがケイニーである。

ポッゲが示唆するように、私たちの正義の義務を、私たちがグローバルな経済的体制を他者たちに課さないという消極的義務に限定してしまうと、そのとき、これら他の変数［資源の不足、病、孤立、自然災害など――引用者］から生じる貧困、栄養不良、窮乏の存在することが許されてしまうことになる。

（Caney: *Justice Beyond Borders*, p. 114）

不正なグローバル制度とは別の理由から貧困が発生した場合、消極的義務にもとづいてその解決を正当化することはできない。たとえば、日本のようにグローバルな制度下で有利な立場にある国が、大地震などの自然災害によって、また国内での対応の不手際によって飢饉に襲われるとしよう。この場合、飢饉の原因はグローバルな制度にもとづくと考えるのは困難であろう。そうだとすれば、消極的義務の侵害という理由にもとづいて飢饉の解決を義務づけることはできない。このような事例で援助を正当化しようとすれば、むしろ積極的義務に訴えることが必要となる。

ポッゲそのひとは積極的義務による援助を否定してはいない。「……積極的義務が存在しないとか、あるいはそのような義務は些細なものであるというつもりはない」（ポッゲ「現実的な世界の正義」一〇二頁）。あくまでも、世界的貧困の多くがグローバルな制度的加害のゆえに発生しているのだから、消極的義務にもとづく援助論が構築されなければならない、ということなのだろう。しかし、グローバル制度によって生じる貧困に関しても、積極的義務は無視しえない意味をもっているように思われる。ポッゲ的な問題設定を採用するなら、不正なグローバル制度によって生み出された貧困は、その制度の改革によって解消されなければならないのであった。しかし、グローバル制度の改革を実現するには長い時間が必要である。グローバルな制度改革が成就するまで貧困を放置しておくわけにはいかないが、この場合になされる援助はどのような義務にもとづくといえるだろうか。消極的義務違反の賠償としてなされるような援助なのだろうか。それとも積極的義務にもとづいてなされる援助なのだろうか。この場合、後者のタイプの援助を排除する理由はないように思われる。

このように述べることによって、消極的義務にもとづく援助が否定されているわけではない。ここで指摘したいのは、ポッゲの問題設定が貧困と援助という問題圏全体を覆うものではない、ということである。貧困の解決を積極的義務にもとづいて企てる者たちがいても、その者たちは道徳的に間違っていない。無駄なことをしているわけでもない。ポッゲの思考を辿ったのちにいえるのは、積極的義務にもとづいても消極的義務にもとづいても援助にアプローチできるということであり、実際の援助は二段構えであってよいということである。だから、積極的義務の可能性が模索されつづけなければならないように思われる。もちろん、そのことによってポッゲの基本発想が無効になるわけではない。

世界の歪みとしての貧困

世界的貧困は大規模な問題である。そしてまた、各人の行為がどのような結果をもたらすのか見通せなくなるほどに、さまざまな要素が複雑に絡みあっている。だから、ミラーがそうしたように、グローバル制度がどこまで貧困の原因となっているのかが問われることにもなろう。あるいは、シェイがそうしたように、豊かな人びとが貧困者に危害を加えているといえるのか、という反問も生まれる。さらにはまた、グローバル制度によって引き起こされたのではない貧困が見出しうるかもしれず、その場合は、消極的義務だけで援助を正当化することには限界がともなうことになろう。

たしかに、ポッゲの議論は、貧困の因果関係に関する水準では、細部に修正がなされなければならないだろう。だからといって、最低限の人権を実現しえずにいる者たちが数多存在する状況がグローバル制度と無縁である、などとはいえないだろう。なんらかの制度改革によって状況の改善が可能であるにもかかわらず、それが遂行されないのだとしたら、その不作為の事態を加害的と呼んだとしても、的を外してはいないように思われる。そうであるのなら、グローバル制度がどこまで貧困の原因となっているのかということについては議論の余地があるにしても、グローバル制度の改革がなされなければならないという主張には、相応の妥当性が認められるはずである。

いくつかの批判を知ってもなお、私はポッゲの議論から独特の感覚を呼び起こされつづける。それは、一方で夥《おびただ》しい人びとが飢えに苦しんでいるにもかかわらず、他方に豊かな生活をおくりうる者たちがいるという、この世界のあり方にたいする違和の感覚ではないだろうか。この世界はどこか歪んでいるのではないか。そして、その歪みとともに私たちの日常生活が営まれているのなら、私たちとこの歪みとのあいだには否みがたい連関があるのではないか。だから、貧困を放置することは許されないのではないか。そのような、おそらく広く浸透している感覚に、ポッゲの議論は訴えかける。この歪みのゆえに世界は加害的なのではないかという感覚が共有されるかぎり、そして世界が変わらないかぎり、ポッゲ的な問題設定は要請され、その問題設定のもとで幾多の思考が紡がれることになるにちがいない。

第4章　地球規模の格差原則——ロールズとその批判者たち

貧困問題は世界の歪みである。食料や生活必需品、基礎的医療が乏しい状況で生きていかなければならない貧困者たちが一方にいる。他方で、この地上には巨万の富を抱えた一握りの富者たちが暮らしている。おおまかな物言いをすれば、貧困者と富裕者とはこの地上にあって一様に分布しているわけではない。豊かさと貧しさは偏在している。このような世界においては、ある人物がどこに生まれるかということは、その人物の生活水準や人生の見通し、そして寿命にまで多大な影響を与える。しかし、どこに産み落とされるかということを、本人は選択することができない。ある人物がみずからの選択や努力では解消するのが困難である貧困状況に生まれたなら、その人物はこの状況を運命として忍受しなければならないのだろうか。世界の歪みは、こうした問いを呼び起こす。

あるタイプの正義論は、このような歪みを不当な不平等として告発する。ロールズが

『正義論』において彫琢したのは、そうしたタイプの正義論である。その核心にあるのが格差原則（difference principle）という概念装置である。格差原則は、もっとも暮らし向きの悪い者たちの状況を改善するように不平等の是正を命じる原則である。ロールズの格差原則は一国内を対象としたものであるが、ロールズに連なる論者たちは、国境をこえて地球規模に適用可能なものとして格差原則を構想する。格差原則を地球規模に適用することが可能であるのなら、世界的貧困者たちの状況を改善することが義務として正当化されることになる。格差原則は援助の根拠となりうるのである。この章では、ロールズに連なる論者たちの発想、とりわけベイツの『政治理論と国際関係』（邦題『国際秩序と正義』）と、ロールズそのひとの主張とを対比しながら、世界的貧困を解決するための倫理的根拠として格差原則がどのように貢献しうるのか、その消息を確認してゆく。

なお、difference principle という語は格差原理と訳されるのが常であるが、ここでは格差原則という訳語を採用する。したがって、『正義論』などの各訳書からの引用に際しては、格差原理という語はすべて格差原則に置き換えられている。

1　正義論の問題設定

正義による援助の正当化

正義を定義することは難しいけれど、ここでは広くなされるように、実現されるべき均衡と規定しておく。たとえば、一人ひとりの持ち分のことを考えればよい。各人に割り当てられた正当な持ち分があるにもかかわらず、それよりも多かったり少なかったりすれば、つまり不均衡が生じている場合には、正義が実現しているとはいわないだろう。反対に、持ち分が割り当てどおりに各人に帰属しているなら、それを正しい状態、つまり正義と呼ぶことも許されるであろう。このように、なんらかの基準によって各人にふさわしい取り分が設定されたなら、各人はその基準にしたがった取り分どおりに受けとらねばならない。もし本来の持ち分とくらべて過不足が生じたなら、その不均衡は正されねばならず、それによって均衡が目指されねばならない。

ちなみに、一人ひとりにふさわしい持ち分が帰せられるべきであるという正義の原則を意味するのが、「各人に各人のものを」という表現である。これはローマ法の伝統に発するが、こうした発想は古代ギリシアのプラトンやアリストテレスにまで遡ることができる。

もちろん、どのような状況なら均衡が実現しているといえるのかが、つねに問題となる。つまり、各人の持ち分はどのような基準で決定されるべきなのかということが問題となる。この問いへの答えは多様である。しかし、ひとたび正義論という枠組みを受け入れるなら、正義に悖《もと》る事態が正されなければならないという点で、論者たちの見解は一致する。そして、正義論者たちは、正義を実現することが道徳的義務に含まれると考える。各人は正義に反しないよう、正義を強化するよう行為しなければならないのである。この理路を世界的貧困に適用することができる。つぎのような推論が成立するであろう。

前提①　ある状況が正義に悖るなら、その状況は正されなければならない。
前提②　世界的貧困状況は正義に悖る。
結　論　ゆえに、世界的貧困状況は正されなければならない。

どのような立場の正義論者であっても、前提①については承認するだろう。問題は前提②である。世界的貧困状況は正義に悖る、といえるのだろうか。かりに正義に反するといえるとして、その場合に、どのような正義の見方が採用されているのだろうか。また、正義という場合に、地球規模で通用するグローバルな正義というものは想定しうるのだろうか。このように、正義という視点から世界的貧困を考えようとするとき、どのような正義の原則が採用されるのか、その原則は地球規模に適用可能であるのか、ということが問題化する。そうした正義の原則としてロールズの格差原則を採用し、格差原則が地球規模に適用可能であると考える立場が、この章の主題となる。

配分的正義

ロールズの格差原則は配分的正義の一種である。正義の分類にはいくつかあるが、ヨーロッパの正義論の伝統に深く影響を与えたのは配分的正義と匡正的《きょうせい》正義という区分である。さきの「各人に各人のものを」という原則にそくして、この分類を説明してみよう。この原則は、二通りの読みが可能である。この原則はまず、どのような取り分なら均衡が実現するのか、その基準を決定したうえで、この基準にしたがって各人に正当な持ち分を与えることを含意する。このような取り分の正しさが配分的正義と呼ばれる。つぎに、「各人に各人のものを」という原則は、取り分の過不足が、したがって不正が発生したときには、この不正は匡正されなければならない、という主張を含意する。盗みや詐欺が発生すれば、ある者は取り分が不当に不足し、別の者の取り分は不当に過剰であることになる。このような不正の是正によって目指される正義は匡正的正義と呼ばれる。

世界的貧困という問題場面においても、これらふたつの正義概念を用いることができる。たとえば、ポッゲの議論は匡正的正義という文脈で読みなおすことができる。ポッゲの発想によると、世界的貧困は消極的義務にたいする違反であり、したがって貧困問題の解決はこの違反によって生じた危害にたいする補償と考えることもできる。このような発想は匡正的正義の実現という意味合いをもつといえるだろう。しかし、ここで照明が当てられるのは、むしろ配分的正義である。現代世界においては、消費されずに捨てられてしまうほどに食料があふれている一方で、一日あたり一・二五ドル以下で生活せねばならず、十分な食料や生活物資を手に入れることができない者たちが何億人も存在する。食料や生活物資や医療のこのような配分状況は、はたして正しいといえるのだろうか。つまり、このような配分は正義にかなっているのだろうか。そもそも、どのような基準にもとづく配分が地球上でなされるべきであるのか。配分的正義という視点を獲得することによって、このような問いを立てることが、それゆえに、この世界のあり方を問いただすことが可能となる。

配分的正義の基準

しかし、事態はそれほど単純ではない。なぜなら、すでに触れたとおり、配分基準の確定という困難な問題が解かれなければならないからである。この配分基準の問題は、「なにが正義なのか」に関わる問題である。これにたいして、これまで論じてきたのは「正義とはなにか」という問いである。この問いにたいして「正義とは均衡のことである」と答えることに同意がえられるとしても、どのような状態をもって均衡と見なすのかという点については、つまり「なにが正義か」については、多様な見解が存在する。たとえば、アリストテレスは当事者たちへの配分は、当事者たちの能力、貢献、徳といったものに比例させるべきだと主張する（アリストテレス『ニコマコス倫理学』第五巻第三章）。

それ以外にも多様な基準が構想されうる。各人にまったくおなじ量を配分する平等主義的な基準もある。あるいは最大幸福の実現を目指す功利主義的配分も考えられる。さらには、立場が弱い者たちを優遇するような基準も可能である。世界的貧困の解決を目指す立場からは、どのような配分原則が採用されるべきなのだろうか。有力な候補としてしばしば言及されるのが、ロールズの格差原則である。それはどのような原則であるのか。そして、それを世界的貧困問題に適用することはどのようにして可能であるのか。そうした問題がつぎに論じられることになる。

2　ロールズの正義論

格差原則とは

格差原則は、『正義論』において導かれるふたつの原則のうちのひとつである。第一原則は自由の原則とでも呼ぶべきものであり、万人に平等に自由を承認するよう命じる原則である。つまり、この原則は、他者の基本的自由と両立するかぎり全員が平等に基本的自由の権利をもつことを命じる。第二原則は配分的正義に関わり、富や財の配分、地位や権力の配分が公正であるよう命じる。第二原則についてはいくつかの定式があるが、ここでは説明を簡略化するために、つぎの定式のみを引く。

社会的・経済的な不平等は次の二条件を充たすように編成されなければならない――（a）そうした不平等が最も不遇な人びとの期待便益を最大に高めること、かつ（b）

公正な機会の均等という条件のもとで全員に開かれている職務や地位に付随する〔ものだけに不平等をとどめるべき〕こと。
（ロールズ『正義論』一一四頁――〔 〕内の補足は訳者）

第二原則が示しているのは、不平等や格差が許容可能なものであるための条件である。第一原則のもとで人びとが生活してゆけば、社会生活において不平等や格差が発生することは避けがたい。だからといって、すべての不平等や格差が許容可能であるわけではないだろう。許容可能なものとそうでないものとの線引きをするのが第二原則である。第二原則によると、（a）と（b）の原則を満たすような不平等だけが許容可能なのである。（b）から見てみよう。（b）は公正な機会均等原則と呼ばれ、職務や地位への機会はだれにでも平等に開かれているべきであることを命じる。性別や出身地といったような理由で不平等が生ずることを禁じているのが（b）である。
（a）がほかならぬ格差原則である。格差原則は、もっとも暮らし向きの悪い者たちの利益に貢献するような不平等を容認する。別のいいかたをすれば、格差原則は、格差が存在しても、その格差はもっとも暮らし向きの悪い者たちの状況を改善するようなものでなければならないと命じる。だから、格差原則にもとづいて社会制度が設計されるなら、それは格差を是正するように機能するだろう。具体的にいえば、課税制度などによる所得の再分配が格差原則によって正当化されるわけである。だから、経済格差が生じても、課税制度などによって富が富める者たちから貧しき者へと移転し、そのことによって貧しき者たちの境遇が改善されることになる。

『正義論』の理路

ロールズは、これら正義の原則を正当化するために、ある思考実験をおこなう。有名な原初状態に関する思考実験である。『正義論』のなかでとりわけ重要なのは、正義の原則がいかにして決定されなければならないか、という手続きに関わる論点である。ロールズによれば、正義の原則は、その影響を被るすべての個人がみずからの理性を用いて合理的に判断し採択することに合意するものでなければならない。というのも、特定の個人や集団のみに有利であるような原則ならば、全員がその原則の採用に合意することはないと思われるからである。原則が真に公正なものであるなら、全員が合意できるはずである。しかし、人間は利己的であるから、なんらかの制約が課されなければ各人はみずからに有利な原則を採用する可能性がある。このことを防ぐことは可能だろうか。可能であるとロールズは答える。そのような判断の根拠となるのが原初状態に関する思考実験なのである。

原初状態とはつぎのようなものである。

この状況［原初状態——引用者］の本質的特徴のひとつに、誰も社会における自分の境遇、階級上の地位や社会的身分について知らないばかりでなく、もって生まれた資産や能力、知性、体力その他の分配・分布においてどれほどの運・不運をこうむっているかについても知っていないというものがある。さらに、契約当事者たち（parties）は各人の善の構想やおのおのに特有の心理的な性向も知らない、という前提も加えよう。正義の諸原則は〈無知のヴェール〉（veil of ignorance）に覆われた状態のままで選択される。諸原則を選択するにあたって、自然本性的な偶然性や社会情況による偶発性の違いが結果的にある人を有利にしたり不利にしたりすることがなくなる、という条件がこれによって確保される。全員が同じような状況におかれており、特定個人の状態を優遇する諸原則を誰も策定できないがゆえに、正義の諸原則が公正な合意もしくは交渉の結果もたらされる。

（『正義論』一八頁——訳語を変更）

このように、原初状態とは、無知のヴェールがかけられた個人たちからなり、これらの個人が正義の原則について思考し合意にいたる仮想状況のことである。現実の社会生活においては、当事者たちはみずからの多様な性質を知っているから、その性質に有利となる原則を選んでしまう。たとえば、男性は男性という性に有利な原則を選ぶ、というように。しかし、原初状態では無知のヴェールのゆえに、当事者の個別情報、たとえば性別、能力、地位といった情報が遮断される。そのため、経済法則や心理法則のような一般情報だけをたよりにして当事者は思考するほかない。無知のヴェールという装置のおかげで、当事者の利益を優先するバイアスのかかった思考が回避される、というわけである。ロールズは、この仮想状況としての原初状態における推論によって正義の原則の採択にいたることができると考える。

ここでは格差原則に関する推論に触れるだけにしよう。たしかに暮らし向きの悪い者たちに配慮しない原則を採用することもできる。だが、無知のヴェールのせいで当事者たちはみずからの暮らし向きがどのようなものであるかを知らない。とすると、暮らし向きの悪い者たちを切り捨てるような原則は大きな危険をともなうことになるだろう。なぜなら、みずからが暮らし向きの悪い者であるかもしれないからである。こうして、みずからの暮らし向きがどのようなものであれ、暮らし向きの悪い者たちの状況が改善されるような原則が望ましいものとして採用されることになるだろう。

『正義論』と国際正義

　世界的貧困という文脈で注目されるのが、ほかならぬこの格差原則である。どうしてだろうか。格差原則は格差や不平等が発生することを容認する。しかし、それが容認する格差はもっとも暮らし向きが悪い者たちの境遇を改善するものである。それだから格差原則が遵守されていれば、格差が生じたとしても、そのときかならずもっとも暮らし向きが悪い者たちの状況が改善される。もちろん格差原則が遵守されても格差が解消されるわけでないし、ときには格差が拡大するかもしれない。しかし格差原則が遵守されているかぎり、その格差の発生は社会の底辺へと追われた者たちの暮らし向きを改善することに貢献するのである。この論理が地球規模で妥当するならどうだろうか。現今の格差は、地球規模の貧困層の暮らし向きを改善するのでなければ許容されないことになる。あるいは、現今の格差を承認しようとするなら、かならず地球規模で貧困層の状況を改善することが命ぜられることになる。

　その意味で、世界的貧困問題の解決を企てる論者にとって、格差原則は魅力的な選択肢である。だが、ことは単純ではない。これらの論者は格差原則を地球規模に適用しようとするが、一方で『正義論』にはそうした構想が欠落しているのである。もちろん、『正義論』には「国家相互の関係の正義」（一二頁）という論点が存在している。しかしそこでは、国家間の正義が付随的に論じられているにすぎないし、しかも肝心の配分的正義の構想は抜け落ちているのである。消息を見定めておく。

『正義論』の五八節においては、国家間の正義の原則をどのように導くことができるのか、その過程に関する言及を読むことができる。

私は初期状態の構想に従って、こうした代表者たちはさまざまな種類の情報を剝奪されているのだと想定する。彼らは、自分が人間の暮らしの通常の情況下で生活している別々の国民を代表する者であることを知っているけれども、おのれの社会の特殊情況つまり他の国民と比較した際のその力と強さを知らないし、当の社会におけるおのれの境遇についても何も知らない。ここでもまた、当事者たち――この場合は複数の国家を代表する者たち――に認められているのは、自らの利益を保護するための合理的選択をなすにあたってのじゅうぶんな程度の知識のみであり、自分たちの中でより恵まれた者たちがその特別な状況に乗じることができるほどの知識ではない。この原初状態は諸国民の間で公正であり、歴史的命運の偶発性や偏向を無にする。国家間の正義はこのように解釈された原初状態で選択されると考えられる原則によって決定さ

れる。（『正義論』四九七頁——訳語を変更）

国家間の正義の原則を決定する際も、国内の正義の原則が決定される場合のように、当事者には無知のヴェールがかけられる。ただし、ここでの当事者は個人ではなく国民の代表者である。各国民の代表者は無知のヴェールにより、みずからの個別情報、つまり国力、国土の地理的状況、人口状況、歴史的背景などの情報を遮断される。そのことで、自国民にのみ有利となるようなバイアスのかかった判断を避けることが可能になる。

ロールズの擁護と批判

このようにして採択される国家間の正義の原則は平等の原則である。この原則は、国家としてまとまった民衆が他の民衆と等しい権利をもつよう命じる。したがって、各国民は、他国に干渉されずにみずからの事柄を決定する自己決定の権利、他国からの侵略にたいする自衛の権利、自衛のために防衛同盟を結ぶ権利、条約を保持する権利といったものを等しくもつことになる。これらはいわば伝統的な国際法の秩序であって、それが国際的な原初状態によって正当化されることになる。しかし、国際的な原初状態において格差原則が採択されることはない。このことは、格差原則にもとづいて貧困問題の解決を目指す立場からすると、ひどく歯痒い部分である。そうであるがゆえに、これらの論者はロールズに依拠するにもかかわらず、ロールズを批判することになる。あるいは、メーレンドルフのことばを借りるなら、これらの論者たちは「ロールズを擁護するためにロールズに反論しなければならない」(Moellendorf: *Cosmopolitan Justice*, p. 6)。

彼らの格差原則批判は、格差原則そのものを棄却する「外から」の批判とは異なる。そのような批判として、たとえばノージックによる批判を挙げることができる（『アナーキー・国家・ユートピア』）。ここで問題となっているのは、このような外からの批判ではなく、「内から」の批判だといってよい。次節で触れるベイツのような論者たちは、格差原則そのものは受け入れるからである。問われることになるのは、格差原則の適用範囲である。繰り返すなら、ロールズは格差原則を地球規模に拡大しようとはしないし、のちに見るように、その試みを不可能とするような問題設定を採用している。だが、このロールズの問題設定には錯誤があるのではないか。格差原則をグローバル化しようとする論者たちは、そのように疑う。これら論者たちは、ロールズの錯誤を解消することによって、格差原則のグローバル化を目論むのである。

3　格差原則を拡張する

自然資源の配分

世界的貧困の解決のために格差原則を援用する者たちは、ロールズを擁護するためにロールズに反論するという屈折した立場におかれる。そうした論者のひとりとして、ここではベイツをとりあげる。ベイツの批判はふたつある。ひとつの批判は、国際的原初状態において自然資源の配分が検討の対象にならないことに向けられる。もうひとつの批判は、『正義論』の根本前提、つまり配分的正義に関する思考を国内制度に限定するという前提に向けられている。ちなみに、これらの批判はその深度を異にする。前者は、最初に国内的な原初状態のもとで国内的な正義の原則が合意され、しかるのちに国際的な原初状態のもとで国家間の正義の原則が合意されるという枠組みを受け入れたうえでの批判である。他方、後者の批判においては、国内的原初状態、国際的原初状態という二分法それ自体が批判的考察の対象とされている。

第一の批判から検討してみよう。国際的な原初状態において無知のヴェールをかけられた当事者たちは正義の原則を採用するわけだが、ベイツはこの原則から決定的な要素が欠落していることに注目する。自然資源の配分という要素である。自然資源は地球の表層に一様に存在するわけではない。それだから、自然資源が豊富な地域とそうではない地域に住む者たちとのあいだには、自然資源の格差が発生する。この格差はそれぞれの地域の繁栄に大きな影響を及ぼし、またそこに生きる者たちの暮らし向きにも大きな影響を及ぼす。ところでロールズによると、国際的正義の構想に際しては、自国の個別事情についての情報が遮断されなければならないのであった。自然資源が地球の表層にどのように分布しているのか、自国がその分布図上のどこに位置するのかといった事情こそ、国際的原初状態において遮断されるべき情報ではないだろうか。ベイツによれば、無知のヴェールが自然資源の情報を遮断すれば、国際的原初状態の当事者はつぎの推論をおこなうはずである。

> 自分自身の社会にどんな資源が与えられているかを知らないために、当事者たちは資源再配分の原則に同意するだろう。……［略］……いずれにせよ資源再配分の原則は、国内社会で格差原則が機能するのと同じように、国際社会でも機能するはずである。
> （ベイツ『国際秩序と正義』二一三頁——訳語を変更）

自国が資源の豊富な国であるかどうかが不明であるならば、各国の代表者たちは、自国が少資源国であったとしてもなお資源への権利を主張できるような国際秩序を願うだろう。したがって、より多くの自然資源を有する国々からそうでない国々への資源の再配分という原則を採用するような合意がなされるだろう。ベイツによれば、このような原則が存在することは、自然資源を求めて発動される戦争の予防にも繋がる。このように、自然資源という財が国際的原初状態の舞台で検討の対象とされるならば、資源再配分の原則が国際正義の原則として採用される余地も残されるのである。

社会は自足しているか

ベイツの第二の批判は『正義論』の前提に関わる。正義の原則が、したがって格差原則が国内的制度に限定されるという前提である。つまり、原初状態における当事者たちの思考は一定の領域に限定されており、グローバルな領域に及ばないのである。どうしてだろうか。『正義論』にあって正義の主題は社会の基本構造、つまり政治や経済、家族などの社会制度であるが、この社会という概念についてのロールズの見解を読むと、正義の原則が一国の内部に閉じられる事情が了解可能なものとなる。

まず、ロールズによれば、社会とは「参加者の利益（good）を増進することをねらった協働のシステム」、「相互の相対的利益（ましな暮らし向き）を目指す、協働の冒険的企て」のことである（『正義論』七頁）。さらに、相互利益のための協働の体系であるという社会の想定とともに、ロールズは社会が「ほぼ自足的な連合体」（同）であるとも想定する。自足的とは、他の社会との相互作用なしに存立する、ということである。のちにロールズは、『万民の法』でつぎのようにいう。「原初状態は社会を閉じたものとして考える。つまり、諸々の人格は出生によってのみこの社会に参入し、死亡によってのみそこから退場するのである」（ロールズ『万民の法』三五頁）。他の社会と連携することなく、当該社会の内部の協働によってのみ成立するような閉じられた空間として、社会が想定されている。自足した協働の空間が社会であり、そのなかで妥当する正義の原則を『正義論』は問題にしているわけである。

社会が閉じているという想定が正しければ、社会の基本構造を律する格差原則が一社会の内部に限定されることは、ある程度の正当性をもつだろう。そのかぎりでは、複数の社会のあいだに格差が存在したとしても、格差の是正が論点化される必要はない。あるいは、格差原則が暮らし向きを改善するはずの「もっとも暮らし向きの悪い者たち」も、当該社会の構成員に限定してかまわないであろう。しかし、社会は自足しているのだろうか。そのようにベイツは問う。ベイツによれば、社会という協働空間は国境をこえて地球規模に拡大している。その証左として、ベイツは、国際経済のなかで生み出される相互依存関係に注目する。多国籍企業、通信、貿易、投資、為替制度、さまざまな国際的経済組織などは、まさしく社会的協働のグローバル化を証明している、というのである。こうした地球規模での協働という現実が、ベイツによるロールズ批判を支える根拠となる。

グローバルな格差原則

地球規模での協働という現実に依拠することによって、ベイツは自足した社会というロールズの想定に反旗を翻す。みずからに先行するロールズ批判を要約するかたちで、ベイツはつぎのように述べる。

もしグローバルな経済的・政治的相互依存が存在するということを理由に、グローバルな社会的協働が存在することが示されるなら、国境に根本的な道徳的意味があると考えることはできない。国境は社会的協働の範囲とは一致せず、社会的義務の限界を明確に区切るものではない。したがって原初状態の当事者が、自分たちはそれぞれ別の国民社会の成員であり、主として自分が属する社会のために正義の原則を選んでいるのだということを知っていると仮定することはできない。無知のヴェールは、ある国の国民であることに関するあらゆる事柄に及ぶはずであり、したがって採択される原則は、グローバルに適用されるはずである。

（『国際秩序と正義』二二四頁――訳文を変更）

こういうことである。そこに参加する個人の協働の範囲によって社会が特徴づけられるのであれば、社会の範囲を国境と重ねあわせることは、はたして正当なのだろうか。むしろ、もし協働の範囲が国境をこえて地球規模に拡大しているのだとすれば、国境という事実は、つまり各人がどの国家に所属しているか、どの地理的領域に生きているのかという情報は、無知のヴェールによって遮断されるべきではないか。そのような条件下で思考実験をおこなうなら、どのような結果になるだろうか。「とりわけ、もし格差原則…［略］…が国内的原初状態で選択されるなら、その原則はグローバルな原初状態のもとでもやはり選択されるものであるはずだ」（同書、二二四頁以下）。国内的原初状態で格差原則が選択されるように、グローバルな原初状態においても格差原則が選択されるだろう。そして、その格差原則の性格は、最初からグローバルなものである。要するに、協働空間が地球規模に拡大しているのだから、原初状態はそのまま地球規模の原初状態であって、それだから格差原則の適用範囲もはじめから地球規模でなければならない。

格差原則のグローバル化は、格差原則の適用範囲という問題をこえて、もっとラディカルな含みをもつ。国内的な格差原則は、個人間の格差を調整するものであった。それとおなじように、グローバルな格差原則も個人間の格差を調整する。それだから、格差原則が地球規模で適用されるということは、第一次的には個人間の格差が調整されるということであって、国家間の格差が調整されるのではない。そうだとすると、富の再配分が国家間でなされるというだけでは十分ではないことになる。あくまでも底辺におかれた者たち一人ひとりの状況が改善されなければならないのである。したがって、格差原則の地球規模での適用にあたっては、再配分のあり方や、再配分を受ける国家の諸制度の改革といったことまでが、検討されるべき課題となる。

『万民の法』と国際正義

なお、のちにロールズ自身が、ベイツらの批判にたいする応答ともいうべき一著を上梓した。『万民の法』である。この本はおもに国際正義を論じたものであり、そこには異国への援助を正当化するような要素が含まれている。たとえば、『万民の法』は国際的な原初状態から導かれる正義の原則をより精緻なものにし、八つの原則を示しているが、その最後の第八原則では『正義論』にはない規定が記されている。

各国民衆は、正義に適った、ないしは良識ある政治・社会体制を営むことができないほどの、不利な条件の下に暮らす他国の民衆に対し、援助の手を差し伸べる義務を負う。

（『万民の法』四九―五〇頁）

ロールズは、この第八原則にもとづいて援助がなされる社会を「重荷に苦しむ社会」と呼んでいる。この重荷に苦しむ社会にたいする援助義務は、『正義論』にはない規定であり、大きな前進だとはいえる。しかし、この援助義務は分配的正義の原則にもとづくものではない。ロールズにとっては、この援助義務は、あくまでも世界の貧しい人びとがリベラルな社会の一員となりうるように手助けするためのものである。リベラルな社会の一員となることが到達目標であり終止点である。援助には、それ以外の目標も根拠もない。

秩序だった諸国の民衆には、重荷に苦しむ社会を援助する義務がある。しかし、だからといって、こうした援助義務を実行に移す唯一の――ないしは最善の――方法が、複数の社会間の経済的・社会的不平等を規制するための、分配的正義の何らかの原則

にしたがうことであるというわけではない。（『万民の法』一五五頁――訳語を変更）

『万民の法』においては、格差原則のような配分的正義にもとづいて援助論が正当化されるわけではない。それゆえに、援助論陣営からは、格差原則のグローバル化を拒絶する『万民の法』のロールズにたいして厳しい批判が向けられた。たとえば、シンガーの批判は代表的なものであろう。シンガーは「ロールズが実際に書いた本が、彼が書きえた本と異なる例」として、『万民の法』を批判する（『グローバリゼーションの倫理学』二二三頁）。『正義論』が萌芽として孕んでいた可能性にしたがって、ロールズはたとえば『グローバル正義論』いったような本を書きえたはずなのに、そうはなっていない、というのである。いうまでもなく、そのような不徹底な結果になったのは、ロールズが格差原則を国内にのみ限定し、グローバルな正義の構想においてそれを採用しなかったからである。『万民の法』をめぐる論争の消息は興味深いものであるけれど、ここでは措く。

4　格差原則の再検討

協働のグローバル化と無知のヴェール

これまで格差原則のグローバル化という試みについて、ベイツの立論にそくして検討してきた。間違いなく、格差原則は世界的貧困の解決にとって有力な選択肢のひとつである。しかし、格差原則のグローバル化という構想には多様な批判が向けられている。そもそも、『万民の法』においてロールズ自身がグローバルな格差原則という構想を批判しているのだった。ここで追いかける批判は、正義の原則をグローバル化させる立場を共有する論者たちからの批判である。ここでは二種類の批判に触れる。ひとつは格差原則を導くための思考の枠組みに関する批判であり、もうひとつは格差原則そのものにたいする批判である。順に見てゆく。

ベイツは、格差原則の地球規模での適用を正当化するために、グローバルな協働がすでに成立しているという事実に依拠した。このような手続きによって、格差原則のグローバル化を正当化しうるだろうか。この批判は、ヌスバウムとリチャーズによってなされているが、両者の批判はその角度が異なる。ヌスバウムは、グローバルな協働の事実に訴えるベイツの手続きでは、致命的な不整合が引き起こされると批判する。

こういうことである。格差原則が有力視されるのは、それが無知のヴェールのもとで採択されるからであった。そして、無知のヴェールにおいては、さまざまな個別情報が遮断されなければならない。さて、格差原則のグローバル化を目論むにあたって、ベイツはグローバルな協働が現実に成立しているという事実を援用する。しかし、原初状態という仮想空間においては、当事者たちは「自らの生きる世紀をも知らないはずである」（ヌスバウム『正義のフロンティア』三〇四頁）。つまり原初状態の当事者は、今日のようにグローバル化した世界の住人であるかどうかを知らないはずである。他方、ベイツが編んだ無知のヴェールは、原初状態の当事者たちがグローバル化した時代に生きているという情報を遮断しない。ここに、ヌスバウムはベイツ的な手続きの不整合を見る。

協働という条件は必須か

リチャーズによる批判はつぎのようにまとめられる。正義の原則をグローバルに適用するためには、そのような協働が実際に成立しているという事実に依拠しなければならないのだろうか。この疑問は単純であるが、しかし問題の本質に触れている。つぎのように考えてみよう。もし、グローバルな協働のなかに組み込まれていない個人が存在したなら、事態はどうなるだろうか。ベイツの理路を採用すると、グローバルな協働を前提とするかぎり、協働の外部にいる個人には正義の原則を適用できない可能性がある。しかし、そのような正義の原則はグローバルと呼ぶに値するのか。

このような視点から、リチャーズは協働が成立しているという事実に依拠せずに、グローバルな正義を構想する道を選ぶ。無知のヴェールというのは、人種、民族、宗教などの偶然的な特徴を道徳的に重要ではない性質として取り除くためのものであった。ある個人がどの国家に生まれ落ちるかということも偶然的な特徴である。そしてその国家が自足しているのか、他国と協働関係が成立しているのかということも偶然的な特徴である。無知のヴェールの精神にしたがえば、こうした偶然的な特徴は捨象しなければならないから、当事者がグローバルな協働の内部にいるかどうかという事実も、不問に付さねばならない。リチャーズによれば、各人は道徳的人格であるという資格だけで、原初状態での仮想的な契約関係に登場することが許されなければならない（Richards: International Distributive Justice, p. 287f.）。

ちなみに、リチャーズの批判をうけるかたちで、のちにベイツ自身がその立場を修正した。ベイツは、正義の感覚の能力をもっているかどうか、さらには善の構想を形成・改訂・追求する能力をもっているかどうかという二点だけを、原初状態に登場するための資格として挙げた。これにより、協働の枠組みへの帰属という条件が退けられることになる。

人間たちは、現在、共通の協働的枠組みに属しているかどうかということとは無関係に、これらの本質的な力［正義感覚の力と善を構想する力――引用者］をもっているから、原初状態をグローバルに解釈するための論証は、国際的な社会的協働の存在や強度に関するいかなる主張にも依存する必要はない。

（Beitz: Cosmopolitan Ideals and National Sentiment, p. 111）

ベイツはこの修正においてグローバルな格差原則を放棄しているわけではない。ベイツが修正したのは、グローバルな原初状態という仮想空間に登場することが許される条件である。つまり、原初状態におかれた当事者は、経済をはじめとした制度的関わりのなかに巻き込まれている必要はなく、ただ道徳的な能力をもっていればよい、ということである。ちなみに、このような立場を採用するなら、ヌスバウムが指摘したさきの難点は回避できるだろう。

格差原則は基底線を指定しない

つづいて第二の批判、つまり格差原則そのものにたいする批判に移る。この批判はシューやブロックによってなされた。格差原則そのものにたいする批判は、第2節で見たノージックによる批判が代表的である。これを「右から」の批判と呼ぶとすれば、シューやブロックによる批判はいわば「左から」の批判だといってもいい。まずシューの批判によれば、格差原則はもっとも暮らし向きの悪い者たちの状況が改善することには資するが、それ以下に落ちてはいけない底辺、あるいは基底線（ボトムライン）を提示することができない。

…［略］…ひとつの底を提供するかわりに、あるいは喩えをかえるなら救命具を提供するかわりに、ロールズは悪い境遇の者たちを良い境遇の者たち全員のところに（かなり緩く）繋げる一本のロープを提供しているにすぎない。良い境遇の者たちがみずからの状況を改善するときにはいつでも、その正義のロープは悪い境遇の者たちがとにかくすこしは上に引きあげられるべきことも要求する。しかし、ロールズ理論は、各人の頭がまずは水面上に保たれていなければならないという規定を含まない。

（Shue: *Basic Rights*, p. 128）

境遇の悪い者たちの状況が改善されるなら、その改善された状況がいまだ耐えがたく劣悪なものであっても、格差原則はそのような状況を容認することになる。なぜなら、格差原則は、もっとも暮らし向きの悪い者たちの状況を改善させるよう命じるにすぎず、それ以下に落ち込んではいけない基底線を指示するものではないからである。シューによれば、むしろ重要になるのは、悪い境遇の者たちの暮らし向きを引き上げるだけではなく、すべての人物がそれ以下に落ち込んではいけない底、つまり基底線を設定し、それをこえる状況を実現することである。

選択されるのは格差原則なのか

類似の批判にブロックによるものがある。ブロックはグローバルな配分原則という立場を共有しつつも、それが必然的にロールズ的な格差原則でなければならないのか、と問う。あるいは、原初状態におかれた当事者たちはロールズ的な格差原則をかならず選択するのだろうか、と問う。ブロックによれば、格差原則が採択される保証はない。むしろ、グローバルな原初状態におかれた者たちは、彼女が「最低限度原則」あるいは「閾値原則」と呼ぶ原則を採用するというのである（Brock: *Global Justice*, p. 47, 54）。そのような原則として、いくつかの基本的な自由の享受、深刻な危害の危険からの保護というふたつの要素が挙げられている。危害という場合、ここではとくに最低限の生存の能力にたいする脅威が念頭におかれている。身体的健康、心理的健康、安全、自律、理解力、社会的関係というニーズが満たされないなら生存能力が脅威に晒されるが、このことは一個の危害であると考えられる、とブロックはいう。

しかし、なぜこのような原則が採択されるのだろうか。ブロックの議論が興味深いのは、フローリッヒとオッペンハイマーがおこなった正義に関する実験心理学の結果を参照していることである（Frohlich and Oppenheimer: *Choosing Justice*）。この実験では、ロールズ的な格差原則と、ブロック的な最低限度原則などを含む四つの原則から、どのような原則がもっとも望ましいものとして被験者によって選択されるかが調べられた。結果は格差原則がもっとも低く一％であり、もっとも多いのが最低限度原則で七八％であったという。このような経験的証拠を論拠にして、ブロックは、グローバルな原初状態の当事者たちの採用する原則が格差原則ではなく、むしろ最低限度原則である、という主張を提出するわけである。

試金石としての世界的貧困問題

世界的貧困問題は、なんらかの倫理的‐政治的な構想をもつ者にたいして、その構想の枠組みがどのようなものであるかを吟味するように促す根本的な問題である。数多の者たちが貧困に苦しみ命を落とすという現実は、どのような世界なら生きるに値するのかという、ひどく根源的な問いへと誘う。そうした問いかけに、倫理的‐政治的構想はどこまで踏み込んでゆくことができるか。そのことが、倫理理論、政治理論に問われることになる。その意味において、世界的貧困は、倫理的‐政治的構想の耐久度を測る試金石となる。これまで見てきた功利主義、カント主義、消極的義務論というアプローチもまた、それぞれの作法と流儀で、世界的貧困という問題に応答するための議論を練りあげてきた。いうまでもなく、世界的貧困問題は配分的正義論にとっても試金石となる。

たしかに、ある理論の試金石として世界的貧困をもちだすことは、その理論にとって外在的なふるまいであるのかもしれない。だけれども、その理論が正義という主題に関わるものであるかぎり、世界的貧困という現実はその理論の耐久度を測る試金石となることは否めないのではないだろうか。なぜなら、大規模で深刻な貧困の存在は、この世界に不正義が刻み込まれていることの兆候だというほかないからである。もちろん世界的貧困だけが試金石であるわけではないし、正義に関わる理論がかならず世界的貧困を主題としなければならないわけでもない。しかし、ある理論が世界的貧困をその射程内におさめることができるのなら、そのことはその理論の耐久度の証左となるだろう。もし配分的正義というアプローチが世界的貧困を射程におさめうるほどの耐久度を備えているのなら、この可能性が追求されるのはひとつの必然的ななりゆきであろう。たとえばベイツは、このアプローチの耐久度を高めようとした論者だといえる。本節で触れたさまざまな批判にもかかわらず、やはりこの点でベイツの功績は揺るがない。

だが、これまでの批判が、とりわけ後半のふたつの批判が暗示するように、正義の原則はひとつではない。格差原則のほかに、最低レベルの基準線、つまり基底線の遵守を正義の原則と見なす立場がある。そうした発想についても配視しておくことが必要となる。つづくふたつの章では、そのような立場をとりあげる。

第5章　生存権のための援助——シューと基本権の論理

　これまで読み解いてきた論考のあいだには、さまざまな差異が、そしておそらくは深刻な対立が存在している。だけれども、貧困問題の解決を義務の用語系によって思考しようとする点で、それらは共通の地盤のうえで展開されているのだともいえる。これにたいして、この章では、権利の用語系によって貧困問題の解決を正当化しようとする立場がとりあげられる。たとえば、もし「食料の権利」ということがいえるとすれば、貧困者はその権利の名のもとに、食料を要求することができる。あるいは、最低限の生存手段への権利が成立するとすれば、貧困者は最低限の生存を維持するための手段を要求することができる。そして、その要求は権利にもとづくものだから、他者たちにはその要求を実現することが要請される。このようにして、権利の用語系をつうじて貧困問題の解決のための施策を正当化することが可能になる。

この可能性を追求したのがシューの『基本権』である。この章では『基本権』や周辺の諸論考を援用しながら、シューの提唱した基本権（basic rights）、そのなかでも生存権（right to subsistence）という概念が貧困問題の解決にどのように貢献することになるのか、その経緯を見届ける。とくに、消極的権利と積極的権利という従来の二分法を相対化し、従来は積極的権利に分類されてきた生存権を消極的権利に優先させるシューの挑戦的な発想が、ここでの叙述の中心におかれるだろう。

1　権利理論と貧困問題

権利の用語系

権利という語は、日常生活のさまざまな場面で用いられている。また、権利にもとづく思考は、倫理問題をめぐる言説のうちにも容易に見出しうる。たとえば、中絶や安楽死といった話題について、母親の権利とか患者の権利といった問題設定によって、その正当化が試みられることがある。あるいは、当事者たちのあいだで生じる権利の衝突として倫理問題が描かれることもある。もちろん、権利という語を用いたからといって、それによって倫理問題の解決が自動的に保証されるわけではない。しかし、権利という語、あるいは権利の問題系を採用することによって、倫理問題を思考するためのひとつの視座が確保されることは事実である。

このことは世界的貧困という倫理問題についても妥当する。権利の問題系によるアプローチは援助の正当化という試みにとって有力な選択肢となる。その理由をふたつ考えることができる。ひとつの理由は権利のもつ普遍的性格にある。さまざまな憲法や人権宣言を読む者は、「すべて人間は……の権利をもつ」という文言をしばしば見出すけれども、この表現によって示される普遍性のことである。要するに「すべての個人は、人間であるという理由だけで権利をもつ」(Widdows: *Global Ethics*, p. 103)。もちろん、この主張そのものが論争の的となるのではあるが。もし、食料、住居、基礎的医療の権利が存在するなら、この普遍性のゆえに、それらの権利は貧困者たちにも等しく承認されなければならない。この点が、権利理論が有力な選択肢となる第二の理由に繋がる。権利の普遍性に依拠するとき、弱い立場にある者たちの視点から倫理問題を語ることが可能になる。

権利というのは、権力をもった者たちの見方からではなく、むしろ犠牲者や被抑圧者の視点から問題に焦点をあわせるものであって、権利の擁護者たちは、たとえばこのことを重要な利点と見なす。

（Almond: Right, p. 263）

貧困問題に引きつけて説明してみよう。食料の権利が存在するなら、貧困は、飢えに苦しむ者たちの権利が侵害された状況として発見される。そのことによって、貧困者は貧困問題の解決を食料の権利の実現として要求することができる。もちろん、この権利を実現するためには他者による応答が必要になるけれども、貧困者は、他者たちの応答を要求してよいのであり、そのことで負い目や羞恥を感じる必要はない。

このような理路は、ふたたびシンガーにならって推論のかたちで示すなら、以下のようになる。

前提①　ある状況が権利を侵害しているなら、その状況は正されなければならない。
前提②　世界的貧困状況は権利を侵害している。
結　論　ゆえに、世界的貧困は解決されなければならない。

権利の問題系を採用するかぎり、前提①は承認せざるをえない。問題となるのは前提②

であろう。世界的貧困はどのような意味で権利の侵害であるといえるのだろうか。すでにポッゲの文脈で触れたように、貧困を権利侵害と見なすための有力な候補となるのは生存権であろう。生存権の保障する最低限の生活を営めないことが貧困なのだとすれば、貧困は生存権の侵害として理解されうるからである。したがって、生存権の実現という視点から貧困問題の解決が正当化可能となる。

権利理論の不整合

しかし、権利理論の文脈では、この試みは一筋縄ではいかない。なぜなら、第2章で触れたとおり、権利には自由権の系譜と、社会－経済権の系譜とがあり、両者のあいだに緊張関係が存在するからである。生存権は社会－経済権の系譜に属すわけだが、もし生存権にもとづいて援助を正当化しようとすれば、自由権こそが本来的な権利であると考える論者たちから抵抗を受けることになる。なぜだろうか。たとえば、X氏の生存権を保護するために、Y氏にその財産を提供することが要請されることで、Y氏の自由が制限されるかもしれない。自由権と社会－経済権を対立させ、本来的な権利と呼びうるのは自由権だけであると考える立場にとっては、他者の社会－経済権によってだれかの自由権が制限されることは受け入れがたい事態であろう。かくして、生存権にもとづいて貧困問題の解決を正当化しようとするとき、権利理論というおなじ土俵上に、それを批判する主張が登場することになる。

権利理論のなかにそうした緊張関係ないし混乱が存在することは確かであるし、それが権利理論の困難の一端をかたちづくっていることは間違いない（オニールはこの点から権利理論を批判したのであった）。だが、そのことを理由に権利理論から足早に離れてしまうことは、大切なものを失うことに繋がる。失われてしまうもの――それはシューの権利理論がもたらす視座である。シューは、自由権と社会‐経済権とのあいだに対立が成立するという通念を、そしてまた自由権が他の権利に優先するという通念を相対化する。この相対化の試みをつうじて、シューは、社会‐経済権のうちに最優先されるべき権利が存在することを論証する。その権利は基本権と呼ばれ、生存権こそが優先されるべき基本権として提示されることになる。とはいえ、このシューの試みによりよく接近するためには、あらかじめ自由権と社会‐経済権の対立について理解を深めておく必要がある。

権利の系譜

権利は、今日、第一世代、第二世代、第三世代の三つに分類されることがある。第一世代の権利には、言論の自由などの自由権が含まれる。これらの権利は一八世紀の代表的な人権宣言において主要な位置を占める。そうした歴史的背景からもわかるように、これらの権利は、ある者の自由が他者によって、なによりも国家権力によって干渉されたり侵害されたりしないよう要求する。このように侵害や介入を控えるよう求める点で、自由権は消極的権利と呼ばれることがある。

第二世代の権利には、社会‐経済権が含まれる。社会‐経済権は教育、基礎的医療、雇用の権利、そして最低限の生活水準の権利（生存権）から成り立つ。これらの権利の歴史的背景には、資本制経済の進展とともに拡大した経済格差がある。それゆえ、これらの権利が憲法をはじめとする各種の文書に本格的に登場するのは二〇世紀をまってである。それらは、社会的、経済的に弱い立場にある者も含め、だれでもが人間らしい生活を営むことができるよう求める権利であり、教育、医療、雇用、生活のための資源がだれかによって――多くの場合は国家によって――提供されることを要求する権利である。したがって、自由権とは異なり、社会‐経済権にあっては他者による積極的な関与が求められる。それゆえに、社会‐経済権は、他者からの積極的な働きかけを要求するので、積極的権利と呼ばれることがある。

自由権と社会‐経済権とは、国家の介入を制限するのか拡張するのかという対立を含んでいるにしても、いずれも個人の権利である点でそれらは共通している。これにたいして、第三世代の権利は、共同体あるいは集団の権利であって、権利の主体が個人ではなく、共同体や民族、国家という水準に求められる。たとえば少数言語の権利、民族自決の権利といったものである。第三世代の権利も論争含みであるけれども、ここでは立ち入らない。シューの権利理論の意義を理解するうえで重要なのは、第一世代と第二世代の権利の対立、つまり消極的権利と積極的権利の対立であるから、そこに焦点をあわせる。

二分法をこえて

繰り返すなら、援助論と親和的なのは第二世代の権利、つまり生存権を含む積極的権利であろう。だが、積極的権利に依拠する立場には、つぎのような批判が向けられる。積極的権利は二次的で派生的な権利にすぎず、消極的権利が本来の権利として優先されなければならない、という批判である。しかし、なぜ消極的義務のほうが根源的な権利として優先されるという発想が生まれるのだろうか。一般的には負担という理由が挙げられる。権利はそれを支える義務によって実現されるが、積極的権利を支える義務は負担が大きいとされる。そのことが消極的権利を優先する根拠とされることがある。このことを理解するために、権利と義務の関係について配視しておく。

ある人物の権利は、その実現を義務づけられた他者たちの支えによって実現される。シューは、ある権利を支える義務を相関的義務（correlative duty）と呼ぶ。消極的権利のために他者たちが果たすべき相関的義務は、ひとまずは消極的義務であるといえる（のちに、こうした通念をシューは覆す）。たとえば、ある人物の表現の自由を実現するために、他者たちはその人物が政治的見解を表明することを妨げてはならない。こうして、表現の自由を実現するための相関的義務は、政治的見解の表明を妨げないという消極的なものである。そして、消極的権利が他者たちに義務として課す負担は、危害や干渉を控えることだけであるから軽いといえる。これにたいして、積極的権利が課す相関的義務は積極的義務である。たとえば、基礎的医療への権利が他者たちに課すのは、医療サービスやそのための資源を提供する義務である。危害や干渉を加えないよう要請する消極的権利とは異なり、積極的権利は、なにかを提供し貢献するよう他者たちに要請する。つまり、ある人物のために財産や時間を提供するという重い負担が他者たちに課される。

積極的権利の懐疑論者は、このような負担の重さを理由にして積極的義務を禁忌の対象とする。だれかの生存や福祉に貢献するよう重い負担を個人に強制することは許されないと反論するわけである。もちろん、社会－経済権のような積極的権利が権利として正当に存在しうるなら、それは称賛すべきことかもしれない。しかし、社会－経済権は理想ではありえても、上述の困難のゆえに厳密な意味で権利として認定することはできない。かりに権利として承認したとしても、それは二次的な地位しかもたない。こうして、消極的権利が本来的なものとして優先され、生存権のような積極的権利が二次的なものとして貶められる理路が成立する。

シューの『基本権』が挑むのは、このステレオタイプにたいする批判なのである。シューの戦略は二重である。まず、シューは他の権利の基礎となる基本権という概念を構築する。シューによれば、もし権利のなかに優先順位があるとするなら、それは積極的権利にたいする消極的権利の優位ではなく、非基本権にたいする基本権の優位である。そして、生存権が基本権であるとシューは見なすので、生存権は他の自由権にもまして優先されるべき権利であることになる。つぎに、シューは、消極的権利が軽い負担（消極的義務）を課し、積極的権利が重い負担（積極的義務）を課すという発想を批判する。彼によれば、消極的権利であれ積極的権利であれ、権利というものは消極的義務と積極的義務によって支えられている。だから、負担という視点から権利を差別化しようとする発想は、その根拠が脆弱であることになる。このような二重の反論によって、シューは権利に関する先入観を掘り崩し、生存権が優先的に実現されるべきであることを論証してゆくのである。以下では、その消息が記される。しかし、まずは基本権の意味を確かめなければならない。

2　権利と基本権

権利をもつとはどのようなことか

基本権の理路を理解するためには、権利理論全体を貫く基本図式を見通す必要がある。この基本図式は、シューがそうしたように、権利をもつということがどういう事態を示しているのか、その点の理解から明らかになってくる。このことについて、シューはつぎのようなテーゼを提示している。

> ある道徳的権利は（1）正当化された要求にたいする合理的な基礎を提供するものであり、この要求は、（2）［その権利の――引用者］実質の現実的な享受が（3）標準的な脅威にたいして社会的に保障されなければならない、という要求である。
>
> （Shue: *Basic Rights*, p.13）

つづめていえば、だれかがある権利をもっているとすると、その権利が妨げられずに実現しうるよう社会的に保障されなければならず、その人物には、この保障を要求することが許されるということである。とはいえ、やや飲みこみにくい事柄であるから、すこし解きほぐしておく。

（1）はつぎのように敷衍できる。個人は他者たちに多様な要求をおこなう。もちろん、恐喝の場合のように、すべての要求が正当化されるわけではない。しかし、たとえばX氏がその所有物をY氏に貸与したのにY氏が返却しないような場合、X氏はY氏にその所有物の返却を要求することができ、またその要求は正当である。なぜなら、X氏はこの物品にたいする所有権を有しているからである。つまり、X氏がY氏に向ける返却要求の正当性を支えているのは、X氏の所有権である。いいかたをかえれば、X氏の所有権がX氏による返還要求に合理的な基礎を提供している。

したがって、ある人物がある事柄にたいする権利をもつことによって、その人物はその事柄の実現を他者たちに要求することが可能となる。「…［略］…ある権利にとって本質的であるのは、どの他者であるのかを特定することがいかに困難であるとしても、その権利が他者たちへの要求だということである」（*ibid*., p. 16）。他方、他者たちは、この権利にもとづく要求を尊重し実現するよう要請される。ある権利は、その実現を支える相関的義務を生み出すのである。かくして、権利は相関的義務に支えられることで実質化する。

しかし、権利があると宣言しただけで、その権利の対象ないし実質の享受が可能になるわけではない。他者たちが相関的義務を遵守するという保証はないからである。場合によっては、その権利の侵害を厭わない他者によって、脅威に晒されるかもしれない。そうした脅威から保護されなければ、権利の実現は困難になる。だから、権利が実現されるためには、こうした脅威から保護されることが必要となる。このことを明示したのが、さきの引用中の（2）と（3）である。

権利の社会的保障

かくして、権利は、脅威から保障されることによって実現されなければならない。このとき、この保障は社会的、つまり制度的なものでなければならない。

社会的に保障されるということは、おそらく、標準的な権利のもつ唯一のもっとも重要な側面であって、なぜならこの側面が相関的義務を必然化するからである。通常、権利とは、ある人物がその権利の実質を享受するよう独力で配備することができない場合でも——実際にはそのような場合にとくに、その人物がなおその権利の実質を享受しうるように、かなりの数の他者たちがなんらかの配備をするように求める正当化

された要求のことである。（*Basic Rights*, p. 16）

しかし、なぜ権利の保障は社会的なものでなければならないのだろうか。たしかに、権利は、個々人が他者の権利を尊重するよう個別に心掛けることによっても保障されるだろう。そのことが必要とされるのは確実である。しかし、そのようなかたちでの権利の保障はきわめて不安定である。他者の権利を尊重しない人物が登場したとき権利を守ることはいかにして可能かと問うなら、権利が社会的な制度によって保障されることの重要性が理解される。だから、権利が実質的なものであるためには、権利の実現が妨げられたり侵害されたりしないようにする、なんらかの社会的な防御策が必要となる。そして、権利をもつことは、この社会的防御策が施されるよう要請することでもあり、だから、この要請に応じることも権利の相関的義務となる。

このように、権利をもつとは、その権利が可能となるような社会的保障を要求することができる、ということである。シューが数多くの権利のなかから選り出す基本権も例外ではなく、その社会的な保障を相関的義務として要求する。

基本権とはなにか

それでは、シューが基本権と呼ぶ権利は他の権利とどのように異なり、またどのような関係にあるのだろうか。権利のなかには、他の権利を支えており、それが損なわれると他の権利の享受が不可能になるような一群の権利が存在する。シューが基本権と呼ぶのは、そのような権利のことである。ある権利が他の権利よりも基本的であることは、つぎのような推論によって示すことができる。

(1) 各人はなにかにたいする権利をもっている。
(2) 最初のものがなんであれ、その最初のものを権利として享受するためには、なんらかの他のものが必要である。
(3) それゆえに、各人は、最初のものを権利として享受するために必要な他のものにたいする権利をもっている。
(*Basic Rights*, p. 31)

ある個人が権利Aをもっているとしよう。この権利を享受するために権利Bが必要であるとすれば、その個人は権利Bをももっている。このとき、権利Aは権利Bがなければ享受しえないから、権利Bをもつことは権利Aをもつことの前提である。この意味で、権利Bのほうが基本的である。このような推論の作業によってより基本的な権利を求めてゆき、それ以上は遡りえない、もっとも基本的なものとして見出されるのが基本権である。基本権はそうした性格をもっているので、基本権が侵害されると他の権利の享受が不可能になってしまう。

すでに見たように、権利というものが他者にたいする要求を正当化するのと同じく、基本権も他者にたいする要求を正当化する。しかし、基本権の要求は、基本権ゆえの独特の性格をもっている。基本権の要求は最低限の要求なのである。この最低限という性質のゆえに、基本権と他の権利とのあいだには、つぎのような関係が成り立つことになる。ある基本権を保障するために他の権利が犠牲になることは許されても、他の権利のために基本権が犠牲になることは許されないという関係である。つまり、権利のあいだに優先順位があるとすれば、まずは基本権が優先されなければならないということである。

底辺の道徳

基本権が他の権利に優先されるということ。このことの意味は重大である。この重大さは、シューが注意を促すように、基本権が高い価値をもつといったこととは無関係である。

基本権が優先されなければならないのは、基本権の要求が最低限の要求にほかならないからである。

基本権は底辺の道徳（morality of depths）である。基本権は、だれもそれ以下にまで沈むことが許されない境界線を特定する。（*Basic Rights*, p. 18）

基本権は、他の権利を支えるという意味で基本的であるだけではなく、人間の生の、譲歩することが許されない最低限のあり方を指し示すものなのである。なぜなら、基本権だけしか保障されないような生活があるとすれば、それはまさに最低限の生活であると考えるほかないからである。それだから、基本権が保障されるかどうかは、ある個人の存亡に関わる深刻な問題である。だからこそ、基本権が優先的に尊重されなければならない。その意味において、基本権の立場は、生の基底線を提示しその保障を要求する立場であるといえる。

そして、生の最低限の水準が問題となる者たちとは、弱い立場におかれた者たちのことであろう。それだから、シューにとって、基本権の思考を紡ぐことは理論の問題にとどまらない意味をもつ。それは弱き者たちの立場にたつことでもある。「基本権を尊重することは、人びととの、つまり自分たちにとってはあまりに強力である自然的、社会的威力にたいして無力である者たちとの、積極的な連携である」（*ibid.*, p. 33）。

ちなみに、このような視点からシューは、論考「見知らぬ者たちの連帯と食料の権利」において、権利の実現を連帯という視点から捉えようとしている。ある人物の権利は、そのひとを取り巻く他者たちが遂行する、幾重もの義務のネットワークによって支えられる。一般的には、権利は他者による侵害から個人の利益を保護するものと考えられ、それゆえに権利は他者との関係から個人を切り離すものであるかのように個人主義的に理解される。しかし、そのような解釈が見逃してしまうのは、「権利のうちに含まれている社会的連帯」である（Shue: Solidarity among Strangers and the Right to Food, p. 117）。たしかに権利は個人に帰属するが、権利の保護は共同的になされるものだからである。

自由主義に抗して

シューによれば、このようにして基本権は、弱き者たちとの連帯を可能にする権利である。あるいは、権利理論のある種の系譜を採用するかぎり弱き者たちの立場にたつことができないがゆえに、基本権という概念の構築が目指されたのである。ある種の系譜とは自由権を優先させる系譜のことである。この系譜に自由主義という名を与えるとすれば、シューは自由主義的な系譜とは明確に一線を画す。というよりも、そうした系譜に対抗することが、シューの目論見には含まれている。

基本権に関して書こうと考えたもともとの動機は、約束された自由を人びとが実際に行使するのに不可欠のものが欠けている状況でも自由であるという、高尚に響きはするが安っぽく空虚な自由の約束といったものへの怒りであった。(*Basic Rights*, p. xi)

こういうことである。自由主義が約束するはずの自由は、容易には実現しない。その実現のためにはさまざまな事柄が満たされていなければならない。言論の自由といったものを考えてみよう。自由主義がいうように、ある人物が政治的に発言をすることを他者が妨害しないというだけで、この自由は実現されるのだろうか。たしかに、妨害されないことは絶対に必要である。しかし政治的な意見をもつためには、さまざまな知識が必要であるし、そのためには読み書きの能力が、だから教育が必要になる。あるいは、自身の意見を深める思索のための時間も必要になるかもしれない。そのような教育の機会や時間を保障しないままになされる自由の言明、つまり「自由に政治的見解を表明することが許されている」という言明は、たしかに高尚ではあるが決定的に空虚である。

それだから見方をかえれば、こうした教育の権利のほうが言論の自由よりも基本的なのではないか。そのように問う思考の理路も成立しうる。この理路を採用するなら、自由主義が二次的であると貶めてきた権利のなかに高度に優先されるべき権利がある、とする立場も生まれてくることだろう。そして、「ある種の経済的権利——生存権——が最高度の優先順位をもつというテーゼ」(*ibid*., p. 8)が、事実、『基本権』の主張の核心である。自由主義によって二次的なものと見なされてきた権利を、むしろ優先されるべき権利として論証すること。そうすることによって、消極的権利と積極的権利のあいだに仮構されてきた差異と位階秩序を揺るがすこと。この課題を果たすことはいかにして可能になったのだろうか。つぎの節では、基本権の構造、とりわけ基本権としての生存権の特徴に注目することによって、その経緯を見届けることになる。

3 基本権としての生存権

基本権の種類

生存権を派生的な地位に貶めてきた通念を解体するために、シューはまず、生存権が基本権であることを示そうとする。すでに見たように、基本権は、それが保障されなければ他の権利が享受されえないがゆえに基本的であり、したがって他の権利に優先して保護されなければならない権利であった。生存権以外にも基本権はあるが、それはどのような権利なのだろうか。そして、なぜ生存権は基本権なのだろうか。詳しく見てゆこう。シューは、基本権として身体的安全（physical security）の権利、生存権、そしてふたつの自由権（参加の自由と移動の自由）を挙げている。ここでは、おもに前二者に触れる。身体的安全の権利は、殺人や拷問、暴行などを被らない権利である。安全権が基本権であることを理解するのはたやすいだろう。身体の安全が脅かされるとき、他の権利を享受することはきわめて困難になる。たとえば、政治的発言をなすたびに暴行を受けるような状況では、政治的自由を享受することは困難である。そうした自由を享受するためには、なによりも身体の安全が確保されなければならない。

生存権が基本権であることも同様の理路によって説明できる。生存権は、具体的には最低限の衣食住や医療の権利を意味するが、これら最低限の生存のための手段が欠如している状況においては、つまり飢えていたり、病に冒されたりしているような状況においては、さまざまな権利を行使することがひどく困難になる。その日の食料を確保することに精一杯であるような者たちからは、他の権利を行使する時間も体力も、おそらく意志も奪われてしまうだろう。「生存手段における欠乏は、身体的安全の侵害とまさに同程度に致命的であり、無能力にするものであり、あるいは苦痛をともなうものである」(*Basic Rights*, p. 24)。

生存権は安全権とおなじように他の権利の享受にとって必須であり、そうであるがゆえに基本権である。こうして安全権と生存権が他の権利を支える基本的な権利として発見される。権利理論の伝統的なパラダイムにしたがうなら、安全権は加害を控えるよう求める消極的権利に、生存権は重い負担を求める積極的権利にそれぞれ分類されるだろう。そしてまた、すでに述べたように権利理論のある種の通念によれば、消極的権利のほうが優先されるべきであり、生存権のような積極的権利は二次的権利として劣位におかれるだろう。ところが、基本権の問題設定によれば、安全権も生存権もおなじ基本権であるのだから、他の権利にたいして等しく優先されなければならない権利であることになる。

こうして、生存権が基本権であることが確認されるなら、ある種の通念とは異なって、生存権は派生的でも二次的でもないことになる。むしろ、生存権は、他の権利に優先して、その実現が社会的に保障されなければならない権利なのである。それだから、基本権としての生存権という枠組みをつうじて、他者の最低限の生活水準を実現することが優先的な義務として正当化されることになるだろう。そして、この理路が世界的貧困への援助を正当化するのに資することは明らかである。貧困状況とは基本権としての生存権が毀損されている状態のことなのだとすれば、世界的貧困者たちの生存権が最優先に保障されなければならないからである。

二分法の脱構築

さらにシューは、生存権が二次的なものではないと主張するために、消極的権利と積極的権利の二分法を解体しようとする。そのために、シューは、どのような権利にも消極的側面と積極的側面の両面が含まれることを示そうとする。安全権と生存権にそくして、このことを確認しておく。まず、安全権は通念とは対照的にきわめて積極的である。たしかに、安全権の中心的な相関的義務は他者への加害を控える消極的義務である。しかし、消極的義務はわけなく破られてしまう。安全権を真に保障するためには、安全権の侵害を予防する施策が必要であり、安全権が侵害された場合に侵害を回復させる施策も必要である。そうした積極的行為によって支えられなければ、安全権の保障はきわめて不安定なままであろう。

そしてまた通念に反して、生存権は消極的側面を備えている。たしかに、生存権は食料や医療のような最低限の物資やサービスが積極的に提供されることを中心的な要求事項とする。だけれども、生存権は、なにかが提供されなくとも享受されることがある。シューはつぎのような例をあげる。ある職業につくことが生存権の維持に必要であるにもかかわらず、その職業につくことがなんらかの脅威によって妨げられているのなら、この脅威を除去することによって生存権が確保されるだろう。この場合、生存権は脅威を控えるという消極的なしかたで保障される。そうだとすると、生存権であるからといって、それが積極的義務によってのみ支えられている、とは解釈できないことになる。

三つの義務

これまでのシューの議論はある意味では単純であるように見える。ところが、この議論は、権利観に大きな改訂を迫る含意をもつ。いくたびか触れたように、ある種の通念によれば、権利と義務は一対一の対応関係のもとで理解される。つまり、消極的権利は消極的義務によって支えられ、積極的権利は積極的義務によって支えられるというように。しかし、基本権理論が示しているのは、権利と義務の一対一対応は成立しておらず、それゆえに一対一対応に根ざした権利観は不適切だということである。ある権利が消極的権利に分類されようが積極的権利に分類されようが、その権利の相関的義務は多層的である。

シューによると、すべての権利は、①権利の剝奪を回避する義務／②剝奪から保護する義務／③剝奪された者たちを援助する義務の三つによって支えられる。それだから、伝統的枠組みでは消極的権利に分類される自由権も、その実現のためには三つの義務が要請される。

たとえば、まさにもっとも「消極的」に見える自由権が、社会によってその権利を保護するという積極的な行為を要求し、回避と保護の両者が失敗するときは社会によってこの権利を回復するという積極的な行為を要求する。

(*Basic Rights*, p. 53)

各人は、まずは自由を剝奪しない義務を負う。しかし、その義務に反した行為をする者が存在するのだから、各人は自由の剝奪から他者を保護する義務も負う。そのような保護の義務が存在するにもかかわらず実際には自由の侵害が発生した場合、自由が剥奪された者を援助する義務も各人は負うことになる。自由権は、このような多層的な義務によらなければ十全に実現されない。同様のことが生存権についてもいえる。各人は、他者の生存に必要な食料やサービスを剥奪しない義務を負い、そうした剥奪から保護する義務を負う。そして、不幸にも剥奪が生じてしまった場合には、剥奪された者を援助する義務――生存手段を提供する義務も負う。このように、権利を支える相関的義務は三重であって、消極的義務か積極的義務のどちらかへと単純化することはできない。

権利と義務を一対一対応させるような権利観が相対化されると、言論の自由のような消極的権利のほうが生存権のような積極的権利より根源的であるがゆえに優先されなければならないという発想が成立しがたくなる。この発想に訴えるのが自由主義なのであった。しかし、この発想が成り立たないのだとすれば、積極的権利に分類されてきた権利もまた消極的権利とおなじ身分においてその実現を要求できることになる。こうしたシューの分析が正しいとすれば、生存手段への権利、とりわけ食料への権利は二次的な権利ではない。それは基本権として優先的に保障されなければならない。この主張を世界的貧困という文脈で繰り広げるとき、権利理論にもとづく援助論への道が開けることになる。

制度への義務

それでは、基本権としての生存権という理路を採用する場合、世界的貧困を解決するために果たすべき義務は、具体的にはどのようなものとなるだろうか。おそらく一般的には寄付の義務が想定されるのだろうが、シューにあっては社会制度の創出が義務として強調される。というのも、すでに見たように、権利の保障は社会制度によって可能になるからである。そして、社会制度の義務は、あの三つの義務のうち、剝奪からの保護の義務、そして援助の義務に関係する。制度が強調されるのにはふたつの理由がある。ひとつは、論考「義務を媒介する」においてシューが強調するように、効率性である。各人がてんでに関与するのにくらべ、制度をつうじて協働や調整がなされるほうが、関与の効率性は高まるであろう（Shue: Mediating Duties, p. 696）。もうひとつの理由は公正さである。人びとの自発的貢献にゆだねているかぎり、道徳的意識が高い者はより多くの負担を引きうけ、そうでない者たちは負担から逃れていってしまう。いわゆるフリーライダー問題である。このような弊害を克服するためには、各人の公平な割当を強制しうるような制度が必要である。それだからシューは、たとえば課税といった制度をつうじて義務が履行されるべきだと主張することになる（*Basic Rights*, p. 118）。

制度を介した義務という問題設定によって、世界的貧困の解決はいかに図られるべきなのだろうか。シューが制度的な義務の履行の可能性を見出すのは、現に存在している制度としての国家である。とはいえ、現行の政府が最善の制度だというわけでもない。

予測可能な未来にとって、個人の権利の保護の多くは、好むと好まざるとにかかわらず、国家の政府に依存するだろう。だが、国家の政府は私たちのもっとも不適格な制度のなかに属すと、私には思われる。（*Basic Rights*, p. 179）

しかし、国家がもっとも不適格な制度であるとしても、人間的な目的に役立つよう、それを飼いならすことは可能なのではないか。それがシューの見立てである。そのためには、国家は自国民の利益を実現するために存在するという国家観が変更されなければならない。そのようにシューは考える。むしろ、国家は、その国民の義務を代理する機関とならなければならない。国民が異国の貧困者の生存権を保障する義務をもつとすれば、この義務と、それにもとづく援助行為とが国家という代理機関によって実現されなければならない、というのである。そうだとすれば、国家が世界的貧困問題に積極的に関与するよう働きかけてゆく義務が、先進国の住人たちに課されていることになる。

4　問題としての基本権

制度の吟味

本章を閉じるにあたって、シューの基本権理論に向けられた批判に触れる。まず実践的な事柄が問題になる。シューは、権利を保護するための制度の重要性について力説している。しかし、どのような制度がつくられなければならないかという点に関する検討が欠落している。たしかに、すでに見たように、シューは国家の役割を改訂するという選択肢を示している。しかし、いうまでもなく、国家以外の多様な制度が選択肢として存在している。国家の援助政策を中心とするのか、国連のような超国家的組織に希望を託すのか、非政府組織（NGO）の活動を強化するのか、それともグローバル企業の「改心」に期待するのか。このような国家以外の制度が生存権の保障にどのように寄与しうるのか。そのような問題についての考察は、たしかに欠落しているであろう。それゆえに、ハレルはつぎのように指摘する。「権利を保護する行為を提供する際にどのような種類の制度がもっとも効果的であるかということについての議論がシューの作品にはほとんど存在しない」(Hurrell: Another Turn of the Wheel?, p. 58)。

権利か義務か

理論的な水準の批判として言及すべきは、すでに第2章で触れたオニールの権利理論批判であろう。オニールの標的は権利理論一般であって、かならずしもシューに限定されてはいない。しかし、シューが権利理論の問題系を共有するかぎり、オニールの批判はシューにも妥当する。オニールが権利理論批判の根拠とするのは、権利を語るだけでは空虚である、ということであった。そのことをいうために、オニールは、「義務の観念は権利の観念に先立つ」(ヴェイユ『根をもつこと 上』八頁)というヴェイユ的認識を採用し、それを敷衍する。

> いかなる環境のもとで、だれのために、なにをなす、どのような義務を、だれがもっているのかということ、そのことを私たちが知らないうちは、権利がどのようなものになるのか、私たちにはわからない。
>
> (O'Neill: Rights, Obligations and World Hunger, p. 150)

シューも相関的義務という概念のもとでこのことを実質的に述べてはいるが、オニールはその含意を前景化させるのである。ヴェイユ＝オニールの申し立てるように、義務が権利に先立つとするなら、権利の用語系は義務の用語系によって置き換えられることになるだろう。権利の実現について思考することは、その実現を支える義務について思考することにほかならないからである。そうだとすると、生存権をめぐる思考もまた、生存権を支える義務をめぐる思考として展開されなければならないことになる。

ポッゲによる批判

つぎに、ポッゲの批判を紹介する。それは、シューの理路が基本権の存在をうまく証明できていないのではないかと問うものである。基本権は、それが侵害されてしまうと他の権利が保障されないような権利のことであった。そうであるとすれば、基本権とされる権利が侵害されていてもなお保障されるような権利が存在したなら、前者は基本権ではないことになる。ポッゲが挙げるのは、恣意的に国籍を奪われない権利である。この権利は、ある人物が拷問を受けていても（安全権の侵害）、あるいは飢えていても（生存権の侵害）、その人物が一国のなかで生活しているかぎり保障されうる。そうだとすると、安全権も生存権も基本権ではないことになる。この批判が正しければ、生存権は基本権であるがゆえに優先されるべきだという主張が成立しなくなる（Pogge: Shue on Rights and Duties, p. 121）。

負担の問題

さらに、シューの枠組みでは負担が過重になるのではないかという批判もありうるだろう。他者の生存権の保障のために、どこまで負担しなければならないのだろうか。シューは、他者の基本権を保障するためには、みずからの選好、文化の強化、非基本権の順で、それらを犠牲にすることが要請されると考えている。さらには道徳的な英雄主義も認めるので、みずからの基本権を犠牲にすることも許容される（*Basic Rights*, p. 115）。たとえば、他者の生存権を保障するために、だれかが生存権以外の非基本権を犠牲にすることも、場合によっては要請されるのである。しかし、これは過大な要求ではないか。そのような批判が可能である。

ただし、ここで話題の中心となっているのが世界的貧困であることに注意したい。シューの説明は、あくまでも理論的に想定される犠牲に関するものである。つまり、他者の基本権を保障するためには、最悪の場合にみずからの非基本権を犠牲にすることが理論的には想定されるということであって、そこまでの犠牲を払わずとも他者の基本権が保障される可能性は十分にある。世界的貧困にしても、貧困者たちの生活が基底線を超えるための負担であるならば、非基本権を犠牲にするほどの過重な負担は要請されないのではないか。そのような応答も可能であるように思われる。

負担の問題については、負担の配分という視点からの批判も可能である。この批判は、ふたたびポッゲによるものである。すでにシューは、フリーライダー問題を解決するために、つまり負担の公平さを担保するために、制度の重要性を指摘していた。ポッゲはさらに別の視点から配分問題にこだわりを見せる。第3章で見たように、ポッゲは貧困を危害と見なす立場にたつ。貧困が制度的加害によって生み出されるという立場からすれば、加害に荷担した程度に応じて貧困問題の解決義務が割り振られるべきことになる。たとえば、他者の生存権を毀損した者ほど、他者の生存権を補償する義務は大きくなってゆくはずである。シューにはこうした配分への視点が欠けている。ポッゲはそのように指摘している(Shue on Rights and Duties, p. 130)。

反援助論への応答としての生存権

これらの問いが突きつけられているとはいえ、『基本権』という本は援助論という文脈において拒否しがたい魅力を放っているように思われる。その理由のひとつは、消極的権利にもとづいて援助を拒絶する手強い思潮に対抗するための根拠を、この本が与えてくれるからである。今日、この思潮の象徴的な形態となっているのはリバタリアニズム――すくなくともノージック的なそれ――であろう。援助論を正当化しようとする者たちにとって、この種の反援助論は、いわば喉に刺さった小骨のようなものである。援助論を正当化しようとする者は、なんらかのかたちでこの種の発想法と切り結ぶことが必要となる。シューの生存権論は、この種の反援助論に対抗してゆくための鍵を提供してくれる。

シューの生存権の理路がもつ意味を際立たせるために、ポッゲの戦略と比較することもできる。ポッゲは貧困が消極的義務違反であるという問題設定を採用することによって、自由権に依拠する立場でさえ援助を受け入れることになるだろうと想定した。つまり、消極的義務の遵守についてならリバタリアニズムもまた承認するはずであり、消極的義務違反としての貧困問題の解決をリバタリアニズムもまた受け入れざるをえないというのである。ポッゲは、リバタリアニズムを説得するために、リバタリアニズムの前提を尊重したと解釈することもできるかもしれない。

これにたいして、シューは、自由権に依拠する反援助論の前提そのものを相対化しようとしたといえるだろう。シューは、そうした反援助論に有利となるさまざまな発想を相対化した。消極的権利／積極的権利という二分法から基本権／非基本権という二分法へと移行することによって、シューは優先されるべき基本権として生存権を発見し、それが二次的なものだとする発想を相対化した。あるいは、権利が三つの義務によって支えられる事情を明らかにすることによって、消極的権利／積極的権利の二分法を相対化した。そうすることによって、シューは、高負担であるがゆえに二次的であるという、生存権に関する発想を解体してゆく。このようにして、シューは、自由権に依拠する反援助論の前提を掘り崩してゆくわけである。

シューは、権利の存立構造の記述を根本から書き換えることによって、そのための端緒を据えた。そのように解釈することができる。もちろん、生存権にもとづく援助論の可能性は、これからなお練りあげられなければならない。そして、そのためには、シューの『基本権』が読まれなければならない。シューに向けられた疑問にもかかわらず、シューの理路から学びとり敷衍してゆくべき論点が、まだ多く残されているからである。

第６章　自由のための援助——ケイパビリティ・アプローチ

前章で考察した生存権をめぐる議論は、生の最低限の水準を設定し、その水準を実現させることを世界的貧困問題の解決のための根拠とした。このような議論のもうひとつの系譜が存在する。ケイパビリティ・アプローチである。ケイパビリティ（capability）という語は、潜在能力、あるいは可能力と訳される。ケイパビリティとは個人に備わる可能性の幅のことである。各人がなしうること、各人がなりうることの幅が広くなるに応じて、みずからの人生をみずからの選択によってかたちづくるチャンスが、各人により多く与えられる。このような選択肢の幅、できることの幅がケイパビリティである（各訳書からの引用に際しては、潜在能力、可能力という訳語はすべてケイパビリティに置き換えた）。

センやヌスバウムといった論者によって練りあげられたケイパビリティ・アプローチは、ケイパビリティの拡大という発想を開発援助の基本に据える。経済的な豊かさが開発度を測るための指標とされたり開発の目的とされたりすることがあるが、ケイパビリティ・アプローチによれば、そうした発想はことの本質を見誤っている。開発が目指すのは、ケイパビリティの幅を広げてゆくことなのである。あるいは、この幅の拡大が自由の拡大を意味するのだとしたら、開発の目的は自由の拡大である。ケイパビリティ・アプローチにとって、これが貧困問題の解決を支える根拠となる。

1　なんのための開発か

『人間開発報告書』とケイパビリティ・アプローチ

ケイパビリティ・アプローチはすでに国際機関において影響力を行使している。このことは、これまで言及してきた理論的立場とは異なる特徴であり、ケイパビリティ・アプローチを際立たせている。この章ではセンやヌスバウムの論考が読み解かれることになるけれども、それに先立って、ケイパビリティ・アプローチが実際的な文脈でどのように用いられているかということを確認することからはじめたい。というのも、そのことは、ケイパビリティ・アプローチに接近するための、おそらく最短の道だからである。

　時は一九九〇年に遡る。その年、国連人間開発は『人間開発報告書』を創刊した。国連人間開発は、発展途上国への資金援助のため一九六六年に発足した国連機関である。『人間開発報告書』において、世界各国の開発状況を分析し人間開発を促すための枠組みとして採用されたのが、ほかならぬケイパビリティ・アプローチである。そこでは、人間開発の度合いを計測するために「人間開発指数」という指標が提唱された。これには、経済指標以外の指標も含まれている。これはケイパビリティ・アプローチが具現したひとつのかたちである。この指標については、すぐのちに触れる。

　人間開発指数という分析ツールの存在は、『人間開発報告書』をつらぬく精神をよく表している。その精神とは「人間開発」(human development) のことである。人間開発という語は、従来の開発のイメージに変更を迫るものであり、新たな開発のありかたを示すものである。一般に、開発という語は経済成長をイメージさせるだろう。これにたいして、人間開発という語はこうした一面的な開発イメージから離脱するためのものである。

　この報告書はGNPの成長以上のもの、所得と富以上のもの、商品を生産し資本を集積することと以上のものに関するものである。ある人物が所得を手にすることは選択のひとつかもしれないが、それは人間の努力の全体ではない。

（United Nations Development Programme: *Human Development Report 1990*, p. 1）

人間開発とはなにか

『人間開発報告書』は、所得と富をこえるなにものかを射程におさめようとしている。開発の目的は経済発展ではないのである。それでは、その目的はなんであろうか。端的にいえば、人びとの選択の幅が拡大されること、それが開発の目的である。

人間開発は人びとの選択を拡大する過程である。これらの広範囲の選択のうちもっとも重要なものは、長命で健康な生活をおくること、教育を受けること、そしてまともな生活水準に必要とされる資源を手にすることである。政治的自由、人権の保障、人格的な自己尊重がさらなる選択に含まれる。（*Human Development Report 1990*, p. 1）

選択の幅を拡大するとは、どういうことだろうか。こんなふうに考えてみる。ある人物が、平均寿命が五〇歳程度の国に生まれるとしよう。あるいは、幼くして家計の担い手として労働しなければならない家庭に生まれるとしよう。その人物にとっては、長命の生活をおくるとか就学年齢時に教育を受けるとかいった選択肢を選ることは困難である。反対に、こうした選択がおこなえるなら、そのことは、その人物によって生の可能性が拡大することを意味するだろう。それまでできなかったこと、諦めていたことがなしうるのだからである。そして、それはみずからの生をみずからの意志によって決定する可能性が拡大することを意味するだろう。これが開発の目的である。

これらの選択肢のなかでも、健康であることが可能か、長命であることが可能か、そして教育を受けることが可能かといったことは、とりわけ重要な選択肢である。それらは人生の太い輪郭線を描くものであって、他の選択の基礎となるものだからである。貧困が問題となるのは、まさにこの点である。のちに見るように、貧困とはたんに所得が低いということなのではない。所得が低いことによって、生の基本的な輪郭線となる選択肢が著しく限定されるのである。とすると、重要なのは所得の上昇それ自体ではなく、むしろ所得によってもたらされる選択肢の拡大である。

このように、人間開発という発想によって、経済ではなく、人間の生それ自体に照準が定められる。そして、人間の生それ自体を問うときに重要な要素としてとりだされるのが、選択の幅の拡大という要素なのである。この選択の幅が、ケイパビリティという概念の示す事柄である。のちに詳しく見るが、ケイパビリティとは「〜をすることができること」、「〜になることができること」を意味する。この可能性として与えられる「できること」のリストが拡大するにつれて、人びとが手にする選択肢もまた拡大してゆく。人間開発が目指すのは、このケイパビリティのリストの拡大である。

開発の目的は、すべての人びとがみずからのケイパビリティを拡張しうるような、そして現在と将来の両方の世代のために機会が拡大されうるような環境を創造することである。(United Nations Development Programme: *Human Development Report 1994*, p. 13)

人間開発指数とは

これまで選択肢の拡大という人間開発の意味を見てきたが、その意味をもうすこし腑分けしてみよう。まず人間開発という語は動詞的意味をもつ。つまり人びとの選択の幅を拡大してゆくプロセスを意味する。他方、それは、そのプロセスをつうじて実現された状態ないし達成された水準を意味する。『人間開発報告書』において提示された「人間開発指数」という指標は、後者、つまり人間開発の度合いを測るための指標である。具体的には、健康で長命な生活、知識、人間らしい生活水準という三領域が測定される。それぞれの領域を代表する指標として参照されるのは、出生時平均余命、平均就学年数・予測就学年数、一人当たり国民総所得である（二〇〇九年までは、出生時平均余命、成人識字率、一人当たりGDPが参照された）。人間開発指数は0から1のあいだの数字として示され、1に近いほど開発が進展しているとされる。

人間開発指数を用いることの利点は明白である。それは、所得水準に注目するだけでは見えない側面が人間開発指数をつうじて見えてくることである。たとえば、所得レベルが同じような国々でも、人間開発指数が大きく異なることがある。だから、経済的指標だけによっては開発の全体像は把握しえない。それゆえに、人間開発指数のような、もっと総合的に人間開発を測定するための指標が必要になる。ちなみに、現在、ジェンダー開発指数、ジェンダー・エンパワーメント指数、人間貧困指数などの新たな指数も提案されている。

センとヌスバウム

このように『人間開発報告書』ではケイパビリティ・アプローチの影響が色濃いが、そのことは、報告書の顧問委員会の一員としてセンが名を連ねていたことと無縁ではない。

センは一九九八年にノーベル経済学賞をアジアの出身者としてはじめて受賞したことで知られる。開発経済学への貢献がおもな受賞理由である。国際機関の中枢で活躍するセンをつうじて、ケイパビリティ・アプローチは国際的な表舞台に登場し、現在もなおその影響力を行使している。このケイパビリティ・アプローチに哲学の分野から接近していったのがヌスバウムである。彼女はもともと西洋古典哲学を、とりわけアリストテレスを専門とする哲学者であるけれども、ケイパビリティ概念を哲学的に基礎づけるような仕事をしてきた。ケイパビリティを開発論の中心に据えるという点で、センとヌスバウムは共通している。けれども、ヌスバウムによれば、この概念の扱いかたには違いがある。『女性と人間開発』の日本語版への序文において、ヌスバウムはセンとの差異について記す。

センはこのアプローチを主に比較のために用いようとしてきた。彼は、ケイパビリティを人々の福祉や生活の質の比較を行うための最善の領域であると主張するが、最低限公正な社会が保障すべき福祉水準とはどのようなものかを私たちに示してくれる社会正義の理論を構築することはしない。本書で私はそのような哲学的課題に取り組もうとした。いかなる社会においても正義の必要条件とは、私がリストの形で提示した一〇の中心的ケイパビリティの最低水準をすべての市民に保障することであると私は

（ヌスバウム『女性と人間開発』vii頁）

論じた。

センは、人間開発の到達度を比較する尺度としてケイパビリティ・アプローチを用いていると、ヌスバウムは理解する。センの場合、ケイパビリティ概念は記述的な使用に傾いている、といえるかもしれない。他方、ヌスバウムによれば、みずからの立場は最低限のケイパビリティを正義の必要条件として提示するものである。どのような社会でも満たされるべき最低限のケイパビリティを示し、すべての社会が最低限のケイパビリティを実現するように促すことが、ケイパビリティ・アプローチの課題であることになる。ヌスバウムにおいては、いわばケイパビリティ概念の規範的な用法が試みられていることになる。

記述的に用いられるにしろ規範的に用いられるにしろ、ケイパビリティという概念が、貧困問題を考えるうえで有力な道具となりうることは間違いない。次節では、ケイパビリティ概念の意味に踏み込むことで、その射程を測定することになる。

2　ケイパビリティとはなにか

生の三肢構造

ケイパビリティという概念を理解するためには、関連するふたつの概念との比較をおこなう必要がある。これらふたつの概念はケイパビリティ概念と避けがたく関係するが、しかし厳密に区別されるべきものである。それらの関係を直観的に捉えることができるように、ここでは神島裕子による図を借用する（神島裕子『マーサ・ヌスバウム』五七頁）。本書では、この図に表されている財―ケイパビリティ―機能の構造を「生の三肢構造」と呼ぶことにする。生の三肢構造は、人間がなにを用いて（財）、なにをなすことができ（ケイパビリティ）、実際になにをなしているか（機能）という視点から、生を説明する。

さて、図の右端に位置する機能についてセンはつぎのように説明している。

生活とは、相互に関連した「機能」（ある状態になったり、何かをすること）の集合からなっていると見なすことができる。……［略］……重要な機能は、「適切な栄養を得

財・ケイパビリティ・機能の関係

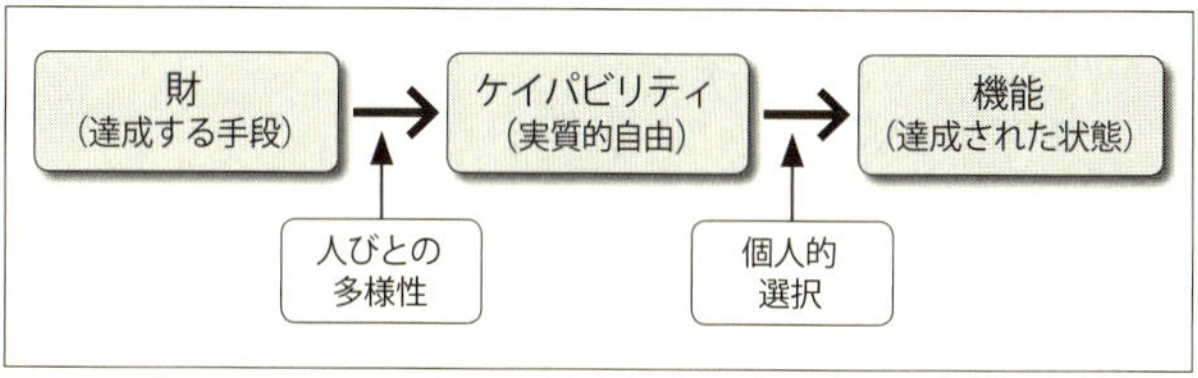

ているか」「健康状態にあるか」「避けられる病気にかかっていないか」「早死にしていないか」などといった基本的なものから、「幸福であるか」「自尊心を持っているか」「社会生活に参加しているか」などといった複雑なものまで多岐にわたる。

（セン『不平等の再検討』五九頁）

人間が生きているということはどういうことなのか――そのことを考えれば、この引用に書かれていることを理解するのはたやすい。たとえば、私は食事をしたり本を読んだり会話をしたりする。あるいは、健康であったり愉快であったりする。ひとが生きるということは、こうしたさまざまな事柄をなすこと（doings）、あるいはさまざまな状態であること（beings）の組み合わせである。ある人物にこれらがまったく欠けているとしたら、その人物の生はまったくの空虚であろう。その人物は死んでいるのである。

これらの「〜をする」「〜である」という人間の生のあり方が機能（functioning）と呼ばれている。人間の生はこれらの機能によって構成されている。だから、あるひとの人生がどのようなものであるかは、この機能の達成され具合に応じて異なる。引用文で記されているように、長命であるのか、健康であるのかといった基礎的機能から、幸福であるのか、社会参加しているのかといった機能にいたるまで多様な機能の組み合わせが可能であるが、その組み合わせは一人ひとりにおうじて異なるのである。

ケイパビリティと機能

つぎに、三肢構造の中間に位置するケイパビリティについて説明しよう。機能は「〜する」「〜である」という実現した状態を意味したが、ケイパビリティは機能として実現するに先立って与えられている潜在的可能性（〜できる）である。たとえば、識字教育がとのった国に生まれるなら、多くの人びとにとって、読み書きができるようになる可能性は高くなる。しかし、識字はまだ潜在的可能性である。人びとが実際に識字教育を受け読み書きするようになるとき、識字は可能性の段階から歩みでて、機能として実現したことになる。このように、どのような機能が実現されうるのかを枠づける可能性がケイパビリティである。それだから、ケイパビリティは潜在能力とか、可能力と訳されたりするわけである。

ケイパビリティと機能の関係がそのようなものであるかぎり、ケイパビリティの幅が広ければ広いほど実現可能な機能の幅もまた大きくなってゆく。そして、機能の多様な組み合わせが生の多様性を意味するとすれば、ケイパビリティの幅が広がることは、人びとの生きかたのかたちが多様性を増すことに通じる。その意味で、ケイパビリティの幅は個人の自由の幅を表す。センはいう。「ケイパビリティはある人が幾通りかの生き方（つまり機能の組合せ）の中から選択できる自由を反映したものである」（同書、一二七頁）。それだから、川本隆史がケイパビリティを「生き方の幅」と訳したことは相応に妥当なことであったろう（川本隆史『現代倫理学の冒険』八八頁）。

財とケイパビリティ

つぎに三肢構造の財（所得）に移ろう。いうまでもなく、なにかをなすには手段が必要である。ただ生きてゆくだけでも、食料や衣服や住居という手段が、あるいはそれらを入手するための所得が必要である。財とはそうした手段のことである。財が与えられると、それを用いてなしうることが可能性として与えられる。つまりケイパビリティが与えられる。自転車という財が与えられるなら、一般的には移動というケイパビリティも与えられる。ただし、同一の財がすべてのひとに同一のケイパビリティを与えるわけではない。たしかに、自転車という財は移動のケイパビリティを与える。しかし足が不自由な人物にとっては、自転車は移動のケイパビリティを与えない。年齢、性別、障碍の有無といった多様な理由により、財が与えるケイパビリティは異なる。また、同一のケイパビリティのために必要な財や所得は、個人ごとに異なるのである。

このように考えると、財や所得だけで、ある人物の生活の質を測ることはできないことがわかる。ある人物の生活の質の水準を測ったり、あるいはその向上を企てたりする場合には、財ではなくケイパビリティに照準をあわせなければならない。大切なのはケイパビリティの拡大なのである。多くの機能を実現するためにはケイパビリティが拡大される必要があり、財はケイパビリティの拡大に資するように与えられなければならない。

貧困の再定義

このようなセンのケイパビリティ論から、貧困問題について重要な教訓を学ぶことができる。ケイパビリティ・アプローチの主張として確認されてきたのは、生活の水準、あるいは生活の質は所得だけでは測りえないということであった。同様のことが貧しさについてもいえる。一般に、貧困は所得の低さ、あるいは財の少なさとしてイメージされるだろう。しかし、センによると貧しさは所得の低さと同じではない。

所得が不十分であるとは、それが外部から与えられた貧困線より低いということではなく、その所得が特定のケイパビリティを発揮するのに必要な水準に達していないということである。

所得水準で考えるならば、貧困の概念において重要なのは、それが最低限必要なケイパビリティをもたらすには足りないということであり、個人の特徴とは無関係な所得水準の低さそのものが問題なのではない。（『不平等の再検討』一七四頁）

ケイパビリティ・アプローチからすれば、ある所得が貧困を生み出した場合、その所得それ自体の水準が問題なのではない。そうではなく、その所得によって最低限必要なケイパビリティが実現しうるかどうかが問題なのである。ケイパビリティ・アプローチの主張を繰り返せば、同額の所得がどの程度どのようなケイパビリティに変換されるかということは、その所得を手にした人物ごとに異なる。一律に設定された貧困線以下で生活する者たちのあいだでも、ケイパビリティの実現の度合いは異なる。それだから、一律に貧困線を引き、それ以下の所得しかなければ貧困であるとするような発想は、厳密にいうと間違っていることになる。所得が変換されてどのようなケイパビリティが導かれるかということとは、年齢、健康状態、家族構成など多様な変数の影響を受けるからである。要するに「貧困を低所得と同一視することはできない」(同書、一七五頁)。

この意味するところは重大である。今日、一日あたり一・二五ドルという所得が絶対的貧困線として定着しているからである。もちろん一・二五ドルという数字は、どのような生活が営まれているのかを理解させるのに十分に有効である。しかし、センのケイパビリティ・アプローチを厳密に当てはめるなら、このような一律の所得設定によっては、人びとのケイパビリティの実情を明らかにすることはできない。

> 個人的な諸条件を全く無視した貧困線は、われわれが関心をもつべき貧困の根源的な部分、すなわち経済手段が不十分なために生じるケイパビリティの欠如という側面を正当に扱うものではない。(『不平等の再検討』一七四頁)

かりに、一律の貧困線を設定し、それを上回る所得を保障することが可能になったとしよう。所得ベースでは貧困が解消したことになる。しかし、ケイパビリティ・アプローチによれば、その所得から引き出しうるケイパビリティは一様ではない。病気や障碍をもつ人物は、貧困線を上回る所得が与えられたとしても、他の人びとと同様のケイパビリティを獲得できるとはかぎらない。だからこそ貧困の評価と解決のためには、ケイパビリティという水準での思考が不可欠なのである。

こうして、つぎの段階へと議論を進めることが可能となる。どのようなケイパビリティの水準なら望ましいといえるのだろうか。つまり、ケイパビリティ概念を規範的に用いることはできるだろうか。できると考えたのがヌスバウムである。ヌスバウムは、ケイパビリティを高度化させるという意味での望ましさではなく、どこの社会でも満たされるべき最低限という意味での望ましさを構想する。そして、そのような最低限のケイパビリティが正義の基準として役立つと考える。この理路を辿ることが次節の仕事となる。

3　ケイパビリティと正義の構想

ケイパビリティの閾値

『女性と人間開発』において、ヌスバウムはケイパビリティ・アプローチの課題をつぎのように説明する。

ケイパビリティ・アプローチが問う中心的課題は、「バサンティはどれほど満足しているか」ではなく、「彼女はどれほどの資源を自由に使えるか」でもない。そうではなくて、「バサンティは実際に何をすることができ、どのような状態になれるか」である。政治目的のために、人の生活において中心的な重要性を持つと考えられる機能の作業上のリストに立脚して、「その人にとってそれは実現可能かどうか」を問う。その人が行ったことから得られる満足について問うだけではなく、その人が何をするのか、何をできる立場にいるのか（彼女の機会や自由は何か）についても問わなければならない。そして、その人が利用可能な資源について問うだけではなく、バサンティが十分に人間らしい生き方ができるようにそれらの資源が役に立っているのかどうかを問わなければならない。

（『女性と人間開発』八四頁）

バサンティとは、ヌスバウムがインタビューをおこなったインドの女性のことである。バサンティのような具体的な個人が、その人生において具体的になにをなしうるのか、なんでありうるのか。そして、そのために資源がどのように役立っているのか。要するに、ケイパビリティの幅について、ケイパビリティ・アプローチは問う。この引用文はそのことを述べている。しかし、繰り返すなら、ヌスバウムにとって肝要であるのはケイパビリティの到達度を測定することではない。むしろ、ケイパビリティの最低限の幅を設定し、それを実現することが、ヌスバウムの問題設定の中心にある。それだから、ヌスバウムはケイパビリティの閾値という概念を提案することになる。閾値とは、生理学の用語としては、生体に反応を生み出す最低限の刺激レベルを意味することばであるが、ここでは、それを下回ると人間らしいとはいえなくなる最低限を意味している。

ヌスバウムは、ケイパビリティの閾値を一〇個のリストとして表現する。ここでは『正義のフロンティア』で示されたリストを短縮して記す。

①生命（通常の長さの人生をおくることができる）
②身体の健康（適切な栄養、住居、リプロダクティヴ・ヘルス）
③身体の不可侵性（暴力から安全であること、移動が自由であること）
④感覚・想像力・思考力（政治、宗教、芸術などの活動の自由を含む）
⑤感情（他者やものにたいする愛情など）
⑥実践理性（人生の計画について批判的に省察すること）
⑦連帯（他者とともに生きること、自尊・尊厳のための社会的基盤があること）

⑧ほかの種との共生
⑨遊び
⑩自分の環境のコントロール（政治参加・言論の自由・結社の自由といった政治的なコントロール、所有権や職業といった物質的なコントロール）
（ヌスバウム『正義のフロンティア』九〇―九二頁）

これらがケイパビリティの閾値という役割を引きうける。そして、それらは満たされるべき正義の基準でもある。これらのケイパビリティが満たされない状況においては、人びとは人間的な生活を営むことができない。それらが満たされないような国家や社会体制は、最低限の人間的生活を保障しえないという点において、正義に悖る。反対に、どのような国家や社会体制であれ、人間が最低限の水準で生きるに値する国家や社会体制であるためには、このリストが満たされなければならない。このことが実現しない世界は、「最小限に正義にかなったまっとうな世界」（同書、三一五頁）ではない。

リストの意味

このリストのもつ性質について、ヌスバウムはいくつかの補足的な説明を加えている。

まず注意すべきは、これはケイパビリティのリストであって機能のリストではないということである。ヌスバウムによれば、機能が政策の目標であってはならない。なぜなら機能を政策の目標にしてしまうと、人びとの生きかたを型にはめ強制することになるからである。このことを理解するには、機能とケイパビリティの差異を思い起こさねばならない。機能はある人物の生の現実の一部であり、その人物がどのように生きているのかを示す。それゆえ、もし機能が政策の対象となると、人びとの生きかたそのものに政治が介入することになる。他方、ケイパビリティは、機能に先立って与えられる可能性のことであるから、どのような機能を選ぶかは各人にまかされている。むしろ、ケイパビリティの幅が広がれば、人びとの選択の幅も広がる。

このことを健康にそくして考えてみる。機能としての健康が政策の対象になると、健康であることが強制される。これにたいして、健康でありうるというケイパビリティが政策の対象となるときには、健康を維持しうるような可能性（あるいはそれを保障する手段）が提供されるにすぎない。ひとによっては、この手段を用いることがなく、したがって健康であるという機能を実現することがないかもしれないが、それは本人の選択として許容される。いうまでもなく、健康であるという機能を実現したい人物にたいしては、その手段は保障される。

つぎに、ヌスバウムが強調するのは、これらの項目は独立したものであるということである。それぞれのケイパビリティはそれ自体で重要であって、けっして他のケイパビリティのために犠牲にされてはならない。だけれども各項目のあいだには相互関係も成立する。たとえば、女性の政治参加というケイパビリティを実現するためには、女性の識字というケイパビリティが実現されなければならない、というように。

最後に、これらのリストは文化横断的に合意可能であると、ヌスバウムは考える。この確信を支えているのはヌスバウムの普遍主義の立場である。

ケイパビリティ・アプローチは十分に普遍的なものである。対象となるケイパビリティは世界のそれぞれの国のひとりひとりの個人にとって重要なものであり、ひとりひとりの個人はそれぞれ目的として扱われなければならない。(『女性と人間開発』七頁)

ヌスバウムによれば、リストに掲げられているケイパビリティのそれぞれは、国家や文化の差異をこえて、一人ひとりにとって重要なものと見なされる。だからこそ、それらは国家や文化をこえた普遍性をもちうる。いいかたをかえれば、ケイパビリティが尊重されるということは、文化や国境をこえて、一人ひとりの生が尊重されるということを意味するのである。このような発想に、ヌスバウムは「ひとりひとりを目的とする原理（Principle of each person as end）」（同書、六六頁）という名を与えている。ここにはコスモポリタニズムの精神が潜んでいる。コスモポリタニズムによれば、各個人は、その帰属する集団、文化、国家といった枠組みにかかわらず、公正に平等に配慮されなければならないのであった。ヌスバウムの「ひとりひとりを目的とする原理」もまた、コスモポリタニズムのひとつの表現なのだといえる。

国際援助の正当化

こうして、コスモポリタニズム的なケイパビリティ・アプローチによって、世界的貧困の解決という企てにたいして理論的根拠が与えられる。国家や文化や集団の差異をこえて、一人ひとりを個人として尊重するためには、最低限のまっとうな生活を、つまり最低限のケイパビリティを実現しなければならない。最低限のケイパビリティへの権限をもつ者として、個人はみずからが帰属する集団や文化や国家にかかわりなく、その最低限のケイパビリティを手にしなければならない。このようにして、最低限のケイパビリティへの権限をすべての個人に承認し、その権限を地球規模で実現すること――これこそが、ヌスバウムのケイパビリティ・アプローチの核心にある。寿命や健康など最低限のケイパビリティが剥奪される状況が貧困であるのだから、ケイパビリティ・アプローチにもとづいて、貧困問題は解決されなければならないのである。貧困問題が解決されていない世界は、一人ひとりを尊重することができない正義に悖る世界なのである。

ヌスバウムによれば、最低限のケイパビリティを保障する義務は人類全体に課される。しかし、各人がこの地上でどのような生活を営んでいるのかという差異におうじて、義務には軽重が生じうる。先進国と呼ばれる豊かな国々の住民には、より重い責務が帰せられる。なぜなら、豊かな国の住民は、最低限のケイパビリティをこえる贅沢品を享受しているからである。そのような意識にもとづいて、ヌスバウムは、豊かな国々がそのGDPの二%にあたる費用を貧困問題の解決のために供しなければならない、といっている。

4　普遍主義か道徳的帝国主義か

道徳的帝国主義という批判

ヌスバウムのケイパビリティ・アプローチの特徴は、最低限のケイパビリティを指定し、それが実現されることを正義の条件とするという点にあった。加えて、ケイパビリティのリストは普遍的なものであるとされた。つまり、どのような地域や文化のもとで生きている個人も、この最低限のリストを受け入れるはずだ、とされた。ヌスバウムにたいして向けられる批判の多くは、この普遍主義に集中するだろう。もちろん、ケイパビリティのリストに普遍性が備わるなら問題はない。しかし、それが実際には特定の地域の特定の時代の価値観を反映したものでしかないのなら、普遍性を主張することは誤謬であることになる。もし、そのリストがヌスバウムの生まれ育った西洋的価値観の影響を色濃く受けているのなら、それが普遍的であると述べることは、西洋近代のローカルな価値観を、普遍性の名のもとに世界全体に強制することを意味することになるだろう。一定の価値観にもとづく生活様式や社会制度を普遍性の名のもとに強要することにたいする批判は、つまり道徳的帝国主義にたいする批判は、なんらかの尺度を地上の人間たち全員に適用しようとする試みに、したがってコスモポリタニズムの試みに向けられる本質的な批判のひとつである。

ヌスバウムは、あのリストが特定の宗教、形而上学、哲学を背景に導かれたものではなく、人間という存在にそくして導かれたものであることを、まずは強調する。そのかぎり、そのリストは普遍性をもちうる、とされる。またヌスバウムによれば、普遍主義ということで誤解してはならないのは、普遍主義が人びとの多様性を軽視するものではなく、むしろそれと両立するということである。それだから、このリストは特定の生きかたや価値観を人びとに強制するものではない。ケイパビリティのリストは、ある個人がどのような生きかたを選ぼうとも、その生きかたを実現するためには必要とされるリストである。だが、普遍主義と多様性が両立するとはどういうことだろうか。詳しく見てゆこう。

多元主義の擁護

ヌスバウムによれば、ケイパビリティのリストは、文化や国家の違いをこえて承認されうるという点で普遍的である。同時に、このリストは多元主義（pluralism）によっても支えられている。「多元主義の尊重はケイパビリティ・アプローチの核である」（『正義のフロンティア』九五頁）。多元主義とは、さまざまな価値観や生活様式が共存することを容認する立場のことである。多元主義によって支えられているかぎり、ケイパビリティのリストは人びとの多様性を損なうものではない。むしろ、ケイパビリティのリストが実現されることによってこそ、人びとの多様性は保障される。そのようにヌスバウムはいう。それでは、このリストのどこに多元主義を読みとることができるのだろうか。

第一に、リストの変更可能性が指摘されている。このリストは修正され再考されつづけるものであって、確定したものとして固定されてはいない。未知の価値観や発想に遭遇すれば改訂されるという点で、このリストは多様性に開かれている。第二に、このリストは抽象的、一般的なレベルで作成されている。詳細にすぎるリストは各国の行動を縛ることになるだろうが、むしろ一般的なリストであるがゆえに、その実現にあたっては各国がその文脈におうじて幅をもたせることができる。第三に、このリストは、あくまでも政治的合意を目指すためのものであって、特定の形而上学的観念に依拠したものではない。

第四に、このリストは機能のリストではなくケイパビリティのリストである。機能が政策の目的となるなら、それは人びとの生きかたを型にはめることになってしまう。しかし、ケイパビリティを実際に機能として実現するかどうかは、各人の自由にまかされている。第五に、言論の自由、結社の自由といった要素がリストに含まれているが（項目⑩）、これらは多元主義の保護に繋がる重要な項目である。第六に、これらのリストの普遍性は理論的に正当化できるけれども、だからといって、その実施のために強制的介入がなされるべきだということは想定されていない。このリストは説得のための基礎である。

ふたたび帝国主義か

このようにして、ヌスバウムはみずからのケイパビリティ・アプローチが普遍主義に立脚しながらも、同時に多様性に開かれた立場であることを強調する。それにもかかわらず、ケイパビリティのリストのうちに西洋中心主義を読みとる批判が存在している。ハッチングスによれば、ヌスバウムのリストの項目③や⑩がそうした批判の対象となりうる(Hutchings: *Global Ethics*, p. 96)。項目③には、移動の自由、暴力からの保護、性的満足の機会、妊娠出産の機会が含まれる。項目⑩には、政治参加の権利、言論の自由、結社の自由が、また、所有権、職業を探す権利、不当捜索・押収からの自由、労働における理性の行使と相互承認といったことが含まれている。

ハッチングスによると、これらの背後には人間の本性に関する西洋的でリベラルな理解が想定されている、という読みが可能だという。たとえば、項目⑩に含まれる政治的権利や所有権に、西洋近代の気配を嗅ぎつけることは十分にありうる。もしそうならば、項目⑩の実現を目指すことは、ある種の社会構造への転換を促すことにつながる。あるいは、この特定の社会構造を実現していない場合には、そのような社会は正義に悖る社会として位置づけられてしまう。この理路を突きつめてゆくと、西洋近代的な社会が、実現されるべき社会モデルとして想定されているという批判が成立することになる。

この種の批判を回避するためには、リストを短くし、普遍性をより強く主張できそうな項目に限定するという対応が必要かもしれない。たとえば、生命の長さや健康という要素に関しては、おそらく普遍性を主張する可能性が高まるだろう。しかし、そのような水準にとどまるかぎり、ケイパビリティ・アプローチはその理論的な利点を発揮することができない。なぜなら、ケイパビリティ・アプローチの主眼は、人びとの生きかたの幅を拡張することだからである。とはいえ、何億もの人命が貧困により危機に晒されているという現実を思い起こすなら、生命の長さや健康という項目に限定することには、それなりに意味があるように思われる。望ましい世界はどのようなものなのかという問題の水準と、いままさに生じている貧困による危機をいかにして回避してゆくのかという問題の水準を区別し、後者の水準に限定して考えるのなら、縮小したリストを提示することは、世界的貧困の解決の根拠としてケイパビリティ・アプローチを掲げる試みから逸脱するものではないように思われる。

ハーヴェイによる批判

道徳的帝国主義ではないかという批判とは別に、ヌスバウムの理路に孕まれる難点を指摘する論者がいる。イギリスのマルクス主義地理学者ハーヴェイである。ひとつの困難は、ケイパビリティ・アプローチを支える基本理念と、その実現のための方策とのあいだに生まれる齟齬である。ケイパビリティ・アプローチを支えているのは、普遍主義あるいはコスモポリタニズムであった。他方、その実現のための制度として国民国家がもちだされるのである。ヌスバウムはいう。「グロティウスの時代と同様に、私たちの時代においても、人びとがこの人間的自由の根本的側面を行使するさいに用いる基本単位は、国民国家である」(『正義のフロンティア』二九四頁)。ヌスバウムがこのような主張をおこなう背景には、国連やEUのような国民国家をこえる機関がいまだ国民国家と同等の機能を果たしえていないという時代診断がある。とはいえ、つぎのようなハーヴェイの主張は、否みがたい説得力をもつ。

ヌスバウムが反ナショナリズムに熱心に与していることと、国民国家をケイパビリティが実現される第一の制度とみなす立場を取っていることとのあいだには、深い緊張関係がある。

(ハーヴェイ『コスモポリタニズム』一七四頁)

さらに、ハーヴェイは、グローバルな経済体制に関するヌスバウムの認識が無邪気にすぎると批判する。ヌスバウムはグローバルな構造改革のための一〇の原則を掲げているが、そのなかでグローバルな経済空間に関してつぎのような提言をおこなっている。

四、多国籍企業は事業展開先の地域で人間の諸々のケイパビリティを促進する責任を負う。

五、グローバルな経済秩序の主要構造は、貧困諸国および発展途上中の諸国に対し公正であるように設計されなければならない。

（『正義のフロンティア』三六三―六四頁）

ハーヴェイによれば、ヌスバウムが改革を望んでいる多国籍企業や経済秩序といったものは、新自由主義によって深く染めあげられている。だからヌスバウムの目論見が実現することは容易ではない。もちろん、ヌスバウムが「国家、企業、市場に関する無邪気な自由主義理論を無批判に取り入れた」（『コスモポリタニズム』一七六頁）というハーヴェイの断定が正しいかどうかは疑問である。しかし、「資本主義的組織化」（同書、一七五頁）によって枠どられたこの世界とどう切り結んでいくのかという問いかけに、ヌスバウムが十分に応答してはいないことは、おそらく否定しえない。

ヌスバウムのうちに国民国家をめぐる理論的緊張関係や、経済的秩序に関する認識の甘さを見出すハーヴェイの指摘は、たしかに鋭いものだといわなければならない。しかし、国家以外に有効な機関がありうるのかどうか、経済空間をいかに編成してゆけるのかという難題にとりかかることは、この本ではかなわない。ここではむしろ、そのような問題が孕まれているとしても、ケイパビリティ・アプローチの核心的意義が揺らいでしまうのではないことを確認しておきたい。その意義とは、貧困問題が人びとの生における自由の幅という視点から考えられうる、ということである。この視点を採用すると、貧困問題は、人びとの生きかたの幅が狭められ、したがって自由が剝奪されるという倫理的な問題として発見されることになる。このようにして、ケイパビリティ・アプローチは食料や住居や医療の欠如を自由の剝奪の問題として捉えることを可能にする。この発想を採用するとき、世界はその相貌を一変させる。この世界は自由が大規模に剝奪された世界として登場するからである。ケイパビリティ・アプローチは、このようなラディカルな認識の変容を可能にするのである。このようなケイパビリティ・アプローチの意義は、幾重もの強調に値する。そのことは間違いないように思われる。

第７章　倫理と政治のために——ポストモダニズムからの批判

この本の出発点はシンガーの思考実験であった。シンガーは、異国の貧困者に援助の手を差しのべることが、池で溺れている子どもを助けるのと同じように、倫理的な義務である、と述べた。シンガーとは異なる論拠を用いているにしても、他の論者たちも、援助行為が倫理的な行為であるという想定そのものは共有しているであろう。これにたいして、貧困者にたいする援助が、むしろある種の悪に荷担しているのではないかと問う論者が存在する。『だれの飢えか』という興味深い著作をものしたエドキンスである。彼女はポストモダニズムあるいはポスト構造主義と呼ばれる立場から、貧困問題の分析をおこなう。この分析をつうじて、援助の試みがときに倫理的に疑わしい帰結を生み出すことが明らかとなる。世界的貧困者への援助は、溺水者の救助ほどには単純ではないからである。

貧困と援助とは、言説の水準でも社会的実践の水準でも複雑な権力関係のもとにおかれている。援助は、この権力関係のもとでおこなわれるとき、人道的−倫理的な見かけのもと、もしかしたらこの権力関係を再生産し強化しているかもしれない。無垢の善意から発するものだとしても、援助行為はこの権力関係によって汚されずにすむものではない。このような疑義にもとづいて、エドキンスは貧困と援助を取り巻く権力関係の分析に携わることになる。エドキンスの論点は多岐にわたるけれども、ここでは権力論としての貧困−援助論というエドキンスの問題設定を追いかけることになる。

1 貧困の認識論

ポストモダニズムからの批判

はじめに誤解を避けるために明言すると、エドキンスそのひとは援助の必要性を承認する。それだから、エドキンスの批判は、援助の無効性や危険性を指摘する月並みの批判とは異なっている。それでは、その批判はどのような類いのものだろうか。エドキンスは、援助がなされるときに援助行為そのものが絡めとられる権力関係を見逃さない。この権力関係のもとにおかれるとき、援助は貧困を解決するというより、むしろ貧困を強化し、その存続を支えてしまうかもしれない。エドキンスが発見するのは、このような援助の逆説である。この発見はエドキンスが採用する立場によって可能となる。その立場は、あえていえば、ポストモダニズム的と形容しうるようなものである。

エドキンス自身は、その立場を表すものとしてこのことばを用いているわけではない。しかし、エドキンスが発する一連の問い――進歩と豊かさを標榜していたはずの近代社会においてもなお貧困や飢餓がなくならないのはなぜか、もしかしたら貧困は近代を構成する要素なのではないか、そうだとすれば近代という枠組みが相対化されなければならないのではないか――は、進歩や主体あるいは啓蒙といった近代の枠組みを批判的に吟味し、そこからの離脱を目指すポストモダニズムの思考と親和的であるといってよいだろう。さらに、フーコー、デリダ、ジジェクといったエドキンスが援用する思想家たちの名を挙げるなら、彼女の思考の源泉がどこにあるか、その想像はたやすいはずである。

近代と飢餓

エドキンスの問題関心の中心にあるのは、貧困の認識、あるいは援助の実践が近代の枠組みに深く組み込まれているのではないかという問いである。この問いをめぐる論点のうち、最初にとりあげるのは貧困のイデオロギー分析とでも呼ぶべき論点である。つまり、どのようにして貧困に関する認識が生産され、その認識がいかなる社会的効果をもつのかという論点である。それゆえに、エドキンスは近代における貧困の認識論について多くのページを割くことになる。

近代の貧困認識の典型として挙げられるのが、自然科学的な言説である。一般に、貧困に関する近代的な通念によれば、貧困は食料の不足によって引き起こされ、食料の不足は日照りや洪水といった自然現象によって引き起こされる、と説明される。この種の言説は科学的な言説と見なされ、それだから貧困に関する中立的で正当な言説であるかのように受けとられる。だけれども、これは貧困という出来事を語りうる唯一の言説ではない。貧困については多様な語りがありうるにもかかわらず、この種の言説が支配的になるのは、貧困をめぐる言説空間が独特に編成されているからである。まさしくこの言説空間が近代的であるがゆえに、自然科学的な言説が優位になる。

しかし、なぜ自然科学的な言説が優位になることが、イデオロギーや権力といった概念をつうじて分析されなければならないのだろうか。ひとつには、自然科学的な言説によって貧困が語られることは歴史的に特殊なことだからである。だが、それだけではない。近代的言説空間には、ある種の自己欺瞞が内包されているからである。エドキンス自身は自己欺瞞ということばを用いていないが、説明のためにこのことばを導入する。エドキンスによると、近代は貧困を排除しつつ、しかしその排除された貧困によって支えられる。そのような機構によって成立しているために、近代においては、撲滅されるべき貧困が利用され永続化される。これこそが、近代的言説空間に内包される自己欺瞞という事態である。

私たちは、近代において飢饉が起きることを期待する。しかし時代錯誤として――いまなお進歩によって完全に克服されるべき非近代的過去を思い出させるものとして。私たちは飢饉を進歩の失敗、進歩の欠如の証拠と見なす。

（Edkins: *Whose Hunger?*, p. 14）

近代にとって貧困、あるいはその極端な形態である飢饉は例外でなければならない。なぜなら、科学技術の発達によって物質的な豊かさの実現されることが、それゆえ進歩が近代の約束だとすれば、貧困は近代の枠組みから逸脱するもの、あるいは近代以前に属するもの、それゆえに時代錯誤的なものでなければならないからである。近代にも貧困が存在するとすれば、科学技術の未発達、経済の停滞といった理由で、進歩という近代の約束が頓挫しているからにすぎない。近代の約束が実現されないがゆえに貧困が発生するのだとすれば、貧困は近代を強化することによって解決される。

ここで、近代の例外として位置づけられた貧困の身分が逆転する。もし、近代の強化によって貧困が克服されるのであれば、貧困はむしろ近代にとって本質的なものではないだろうか。なぜなら、貧困は近代によって克服されるべき要素として近代によって必要とされるからであり、貧困の存在は近代を強化するように機能するからである。貧困の克服には近代化が必要なのだという確信を生み出すことによって、貧困は逆説的に近代を支えている。貧困が存在するかぎり、近代化への欲望は強化されつづけるだろう。それだから、近代によって克服されるべき他者であるにもかかわらず、貧困は排除されるべき否定的な要素として近代に本質的に内属する。近代はその外部であるはずの貧困によって自身の存在理由を確証し、みずからを強化してゆく。このような近代と貧困との共犯関係を暴くことが、エドキンスの目論見である。

近代のエピステーメー

近代と貧困の共犯関係――この事態を明らかにするため、エドキンスはフーコーの用いたエピステーメーという概念を援用している。エピステーメーという語はもともとギリシア語に由来する。ギリシア語では、それは一般的には知識を意味し、哲学の文脈ではドクサ（臆見）に対立する学的で確実な知を意味する。フーコーの場合、エピステーメーは個々の知というより、ある時代の知の布置を決める枠組み、あるいはその深層構造とでも呼ぶべきものである。エピステーメーは時代とともに変容する。たとえば、それまで盛んに語られていたことが急に語られなくなったり、真理であったものが虚偽とされたりする。その逆も生じる。このような事態が発生するのは、エピステーメーに地殻変動が起き、知の布置が変容するからである。

このようなエピステーメー論を援用することによってエドキンスが注目するのは、貧困という対象が近代のエピステーメーのなかでいかに語られ思考されているのか、その消息である。エドキンスは、近代のエピステーメーの特徴をつぎのように説明する。

　近代性の真理の体系は科学的方法に根ざしている。近代世界において知を正統なもの（そして有力なもの）にするのは伝統や神の権威ではなく、検証という特殊な科学的方法である。……［略］……これは知の特殊な様式である。すなわち、計算可能、一般化可能、客観的という様式である。飢饉についての同時代の理解がこのようなしかたで生産されるだけではない。飢餓を終わらせようとする試みもまた、おなじ言説の内部で構想される。飢饉とその解決の問題は近代性の地平の内部で構築される。

このような科学的な知の様式、思考の様式が支配的となるのが、近代のエピステーメーである。したがって、たとえば貧困もこのエピステーメーの内部で語られ思考されることになるが、その語られかたは独特なものとなる。貧困は、まず定義され、その定義にそって貧困の隠された原因が探し求められることになる。

（*Whose Hunger?*, p. xvi）

近代のエピステーメーにおいては、［前近代とは――引用者］対照的に、重要なのは飢饉のための解決策を発見することである。ひとたび良い定義が確立されれば、科学者たちは飢饉を詳細に研究しはじめ、飢饉の隠された原因を立証し、適切な予防的手段を指示することができる。飢饉の基礎となる原因、つまりそれぞれの個々のケースの現象の背後に存在すると想定される特殊な構造を見出すことによって、飢饉を終わらせることが可能である。

（*Whose Hunger?*, p. 21）

たとえば、貧困は食料の不足によって引き起こされる現象であると定義されるなら、食料供給のメカニズムや人口増加のメカニズムといったものが貧困の原因として探求されることになる。また、食料供給の減少は日照りや洪水といった自然現象にその原因が求められることになる。そして、貧困を解決する手段は食料増産という技術的な問題として語られることになる。そうすると、いかに生産力を高めるのか、いかにして食料を届けるのか、という問いが、貧困に関する言説において支配的なものとなる。

飢饉の脱政治化

このような馴染み深い発想のなにが問題なのだろうか。食料の不足によって貧困が引き起こされ、したがって、その解決策として食料増産のような手段が提示されることに、どのような不都合があるのだろうか。こうした科学的探求によって貧困の発生と解決のメカニズムが明瞭になることは、むしろ歓迎すべきだといえないのだろうか。エドキンスの回答は否定的である。なぜなら、近代のエピステーメーが社会的現実にもたらす効果にたいして、彼女は批判的な眼差しを向けるからである。近代のエピステーメーはふたつの効果を生む。まず貧困がテクノロジー化の対象となり脱政治化する。また、そのことによって、援助が生政治（biopolitics）の対象へと変質してしまうのである。

まず、テクノロジー化＝脱政治化とはなんだろうか。近代的言説空間においては、貧困の解決は科学的知の適用と等しいものとして理解される。これがテクノロジー化の意味である。「飢饉を終わらせることは、飢饉の原因の適切な知を獲得し、また解決策を生産するためにその知を適用するのに必要な技術を発展させるという問題へと還元される」(*Whose Hunger?*, p. 1)。そのようなテクノロジー化によって、貧困の政治的側面が隠蔽されてしまう。たしかに、一方で貧困は自然的側面をもつ。大規模な食料不足によって栄養が不足し、そのために生物としての人間が飢え、死んでゆく。貧困はあたかも生物学的、自然科学的な出来事であるかのように記述されうる。他方で、しかし貧困は単なる自然現象ではない。貧困は社会関係の内部で発生する出来事であり、社会的‐政治的意味をつねにすでに帯びている。貧困は自然‐社会的な複合現象である。

貧困が科学的知の探求対象へと還元されてしまうなら、この社会‐政治的な関係が捨象されてしまうだろう。そのとき貧困は、これらの社会‐政治的関係をいかに変容させてゆくのかということに関わる政治的討論や論争の対象ではなくなってしまい、計算と技術による解決の対象と見なされることになる。貧困は脱政治化され中性化されてしまう。テクノロジー化は、貧困の個々の出来事が抱える個別的な関係を捨象し、まさに技術的に「解決策」を適用するだろう。そのとき、飢える者たちへの倫理的応答という意味での責任がかき消され、個別の不透明な状況にあって迷いながらもなされる政治的、倫理的決断が欠落してゆくことになるだろう。このことがエドキンスの強く批判する事柄である。これについては第3節において触れる。

生政治としての援助

つぎに、援助が生政治化されるという第二の効果について触れる。テクノロジー化のもとで、個々人は独特の眼差しに晒される。世界的貧困をめぐって流布している言説を思い起こすなら、このことはたやすく理解される。世界的貧困とその解決が話題となるとき、まずは生存年数、つまり寿命が問題となる。あるいは出生率や死亡率が計算される。健康に生きてゆくために必要なカロリーが提示され、飢えた者たちがどれほどそのカロリーを下回っているかが問題とされる。飢えた者たちの生が生物学的な水準で語られる。貧困者の生物学的な生存が専門知の対象となり、また管理の対象となる。

フーコーの権力論を援用するエドキンスによれば、生物学的な生命、生存それ自体が知と管理の対象となることは、近代に固有の権力の作動様式である。生命を奪う恐怖によって支配を正当化するような権力のありかたとは異なって、近代においては、個人を生かすことが権力の関心の対象となる。たとえば、近代国家においては人口が関心の対象となり、いかにして生命を生み出し管理するのか、その機制が思考され実践される。こうして、生命を奪うことではなく、生物学的な生命それ自体を管理の対象におくことが、近代的な権力の様式を特徴づけるものとなる。エドキンスが生政治ということばで意味しているのは、このことである。

今日の貧困論、援助論の文脈でも、貧困者の生はこのような知と管理の対象となってはいないだろうか。そうであるなら、貧困者の生が近代的権力の対象となっているかぎり、貧困や飢餓は近代の枠組みに組み込まれていることになる。そして、援助によって貧困の解決を目指す言説もまた、こうした近代的権力の形態として機能していることになろう。つまり援助が生政治そのものとなっている可能性がある。それがエドキンスの見立てである。このようにして、エドキンスは、貧困と援助をめぐる知識が一種の強力なイデオロギー性を帯び、権力的な効果を生み出すことを告発するのである。

2　援助の権力

FADアプローチとセンによる批判

貧困と援助に関する理論と実践がどれほど権力性とイデオロギー性に絡めとられている

のか。この節では、エドキンスとともに、そのことをふたつの例にそくして確認してみる。センの貧困論とＦＦＷの実践である。まず前者から見てゆく。

そもそも、なぜセンが批判の対象となるのだろうか。このように問わなければならないのは、センの『貧困と飢饉』という著作は、近代的なＦＡＤアプローチにたいして権原アプローチを提示し、近代的な貧困論の問題設定をのりこえていると評価されることがあるからである。だが、エドキンスはそうした評価を退け、センの貧困論が最終的には近代的な権力関係のもとに回収されると考える。

ＦＡＤ（Food Availability Decline）、つまり食料供給量の減少によって貧困を説明するアプローチは、すでに見た近代のエピステーメーと親和的である。近代のエピステーメーのもとでは、現象の背後にある原因が科学的に探求されるのであり、貧困もまたそうした科学的探求の対象となり、その原因が探られるのであった。たとえば、人口増加の速度が食料増産の速度を凌駕するというテーゼによって貧困を論じたマルサスの『人口論』がそうだったように、ＦＡＤアプローチによって、貧困、その大規模な事象としての飢饉は、人口過剰と食料不足という自然のメカニズムによって引き起こされると解釈される。食料不足が貧困問題の原因として認定されると、その解決の方策はおのずと定まる。食料を増産する方法、食料供給を安定させる方法、あるいは人口を抑制するための方法など、さまざまな方策が検討される。そして、それらの方策は農業技術の問題、避妊教育の問題といったかたちで専門的に深められてゆく。

このアプローチにとっては、食料供給量が減少していないにもかかわらず飢饉が発生するとしたら、それは認めがたい例外的な状況であろう。しかし、センはこのような例外に注目することによって、飢饉が自然災害によって引き起こされるのではなく、むしろ食料への権原を保障しえない経済的な失敗から生じると結論する。センは一九七四年のバングラデシュ飢饉について問う。この年は例年にくらべて食料供給が多い年であったが、それにもかかわらず飢饉が発生している。この事実は例外にすぎないのだろうか。センはそうではないと考える。センによれば、FADアプローチは飢饉の発生のメカニズムを捉えそこなっている。それだから、センはみずからの権原アプローチを提唱することになる。

権原アプローチの可能性と限界

権原アプローチによれば、貧困の原因は、食料が少ないことにではなく、人びとが食料にアクセスできないことに求められる。つまり、本来なら人びとが有しているはずの食料への権原がなんらかの事情によって頓挫することに、貧困の原因が求められる。

ある人が十分な食料を手に入れて飢餓を避ける能力を持つかどうかを左右するのは、権原関係全体なのであり、食料供給はその人の権原関係に影響を与える多くの要因の中の一つにすぎない。

（セン『貧困と飢饉』二二五頁）

たしかに洪水や旱魃といった自然現象もまた、人びとの食料へのアクセスを妨げる一因ではある。しかし、それは一因にすぎない。食品価格の高騰、特定業種の所得減少、外貨獲得のための食料輸出といった多様な原因によって、食料への権原は失効する。それだから、貧困の原因を食料供給の問題へと還元することはできない。貧困は「関係のネットワーク」（同書、二二九頁）の内部で理解されなければならない。こうして、センは貧困の問題を自然的文脈から制度的文脈へと転換したと評価されることになる。

ところが、エドキンスにとっては、センの権原アプローチも近代的エピステーメーを脱するものではない。エドキンスによると、原因の探求と解決策の創出という構えは、ＦＡＤアプローチにも権原アプローチにも共通している。つまり、貧困の背後にある原因を特定し、この原因の除去を目指す構えは共通しているというのである。ＦＡＤアプローチなら貧困の原因が食料供給量に求められるから、解決策は食料供給量の増加という科学技術的な問題となるであろう。他方、センにあっては、食料への権原が失効するメカニズムを解明し、この権原を回復させることが解決策として模索されることになる。自然科学的か社会科学的かという差異はあるけれども、しかし因果的説明が探求されているという点では共通しているのである（*Whose Hunger?*, p. 64）。

さらに、この構えによって権力関係が再生産されるという点でも、両者は共通しているという指摘もできるだろう。原因の探求と解決策の創出という作業は専門家によって遂行される。セン自身を含めた専門家たちが貧困に関する知識を生産し、その知識を個別のケースに適用してゆくのである。こうして、貧困に苦しむ者たちと援助しようとする者たちとのあいだには、被分析者と分析者、知が適用され知によって操作される者と、知を適用し知をつうじて操作する者という関係が生み出される。貧困の知をめぐって権力関係が再生産されるのである。それだから、センにあっても貧困の問題は、新たに獲得された知を適用するテクノロジーの問題へと変容してゆくことだろう。権原アプローチもまた援助のテクノロジー化から逃れえていない。そのように敷衍することもできる。

権力関係としての援助の実践

エドキンスのもうひとつの論点は援助の実践に関わる。実践の現場においても、このような権力関係が生成し再生産されているのである。そもそも、援助が実践される空間は中立的ではない。援助を与える者たちは、与えられる者たちから感謝を要求するかもしれない。あるいは、与える者たちは、飢えに苦しむ弱者としてしか与えられる者のことを認識しないかもしれない。また、与えられる者たちは同質ではない。与えられる者たちのなかには貧困から利益を手にする者がいる。ときには援助組織が援助から利益を手に入れるかもしれない。このような、利害関係や権力関係のなかに、そしてときには暴力のなかに貧困者はおかれている。貧困の発生する現場がそうした権力と暴力で満たされているのだとすれば、そのなかで実践される援助もまた無辜ではありえない。こうした問題意識を背景にして、エドキンスの分析はＦＦＷ（Food for Work）へと向かう。

ＦＦＷを直訳すれば、労働のための食料、労働と引き換えの食料である。食事給という訳語も存在するようである。ＦＦＷは、施し物としてではなく労働にたいする対価として食料が与えられるべきだという方針のもとで実施される。一定の労働をおこなった者には一定の食料が支給される。ＦＦＷが促される背景には、援助の受け手が援助に依存してしまうことを防ぐという目論見がある。だけれども、ＦＦＷの導入によって、そうした目論見とは別の効果が生まれてしまう。たとえば、支給される食料にふさわしいものとして労働が遂行されているかどうか、きびしい査定の視線に晒されるだろう。

あるいは、エドキンスは、エリトリアにおけるＦＦＷの分析をつうじて、ＦＦＷがある種の規律として実践されていることを指摘する。エドキンスによると、そこで課される労働は、現地の人びとに役に立つかどうか疑わしいものだという。そうだとすると、食料を手に入れるためには無意味な労働を日々繰り返さなければならないことになる。その場合、なんのための労働なのかが問題となる。この問いにたいして、エドキンスは規律という答えを与えるわけである。こうしてエドキンスは、フーコーが近代的権力の作動様式として摘出した規律権力の存在をそこに見出しさえするのであるが、ここでは措く（*ibid*., p. 86f.）。

なによりも注目に値するのは、FFWをつうじて、援助される者たちが独特の主体として生み出されているのではないか、というエドキンスの問いかけである。

明らかに、FFWが実際に生産している主体は、自身だけでは飢饉に影響されやすく、私たちの雇用セーフティネットを必要とする傷つきやすい農民としての主体である。……［略］……これらの人びとは、政治的な声を必要としてはおらず、むしろ助けと訓練プログラムを必要としている。彼らが参画するとしても、それは開発援助の、感謝する受け手としての役割に限定されている。これに加えて食料援助は、ひとつのカテゴリーの国々全体を、第三世界全体を、とりわけアフリカの国々を、傷つきやすいものとして、食料が不安定なものとして、開発経済学者や農業の専門家、そして他のアカデミックな専門家の注目に値するものとして生産する。そうすることにおいて、食料援助は、第一世界と第三世界とのあいだの国際政治に存する権力関係を維持するが、それを脱政治化する。（*Whose Hunger?*, p. 101）

援助される者たちは、無力な者たちとして、援助者たちの施す援助を感謝して受動的に受けとるほかに生きるすべがない。そのような表象が、援助をつうじて再生産されてはいないか。そのようにエドキンスは問う。そして、こうした表象が国際政治における権力関係と無縁ではないことを、エドキンスは炙りだす。むしろ、国際政治における第一世界と第三世界のあいだのマクロな権力関係が、援助の現場においては援助組織の専門家と被援助者とのあいだのミクロな権力関係として再生産されてゆくのである。だけれども、専門家による専門知にもとづいた実践という装いのもと、つまりテクノロジー化によって、この関係の権力性が隠蔽されてしまい、脱政治化が進行する。

私は援助の現場を、そしてその実態を知らない。だから、このようなエドキンスの分析の妥当性を、現場の実態と照らしあわせ評価するということが、私にはなしえない。もしかしたら、エドキンスの批判は誇張されたものであるかもしれない。しかし、かりにそうだとしても、援助行為は援助行為であるというだけで道徳的に無辜であるという想定が成立しがたいことは、あるいはそうした想定があまりに素朴であることは、ある意味で当然の事柄ではないだろうか。倫理的とされる行為が多様な効果をもってしまうことは、私たちの日常生活においてつねに生じている事態である。援助行為だけは例外である、とはいえないだろう。エドキンスの叙述はそのことを気づかせてくれる。とりわけ、援助における権力性について敏感になるよう警鐘をならすものであるかぎり、エドキンスのテクストは一読の価値を有する。

3 倫理と政治

テクノロジー化と倫理

最後の節では、以上の分析をふまえたうえで、エドキンスのテクストに導かれながら、援助と倫理の関係について掘りさげる。エドキンスの論考が示唆しているのは、倫理的であると想定された援助が倫理的であることに反してしまうという、援助の逆説的なありかたである。そのような逆説が出来するのは、ひとつには、援助が幾重もの複雑な社会関係のなかで遂行されるからである。もうひとつには、援助のテクノロジー化が発生するからである。貧困の原因が探求され、解決のための一般的な処方箋が考案されるという手続きのなかでテクノロジー化が進行する。テクノロジー化が進行すると、援助は個別のケースに一般的な知識や処方箋を機械的に適用する営みへと変質してしまう。テクノロジー化の進展は、この専門的知識をもつ専門家たちにとって有利なものとなり、そのことをつうじて専門家の権力が再生産されることになる。

エドキンスによれば、テクノロジー化の影響は権力関係の再生産にとどまらない。それは、倫理の可能性の条件である責任を不可能にし、そのことによって、援助が倫理的であることをも不可能にしてしまう。こういうことである。なんらかの原則や対応策があらかじめ策定され、それが個別のケースに適用されるとき、そこで生起しているのはマニュアルの運用でしかない。方程式の解法を知っていれば、それを個別に機械的に適用することでその方程式が解けてしまうのと同じように、貧困問題や援助にも原則や対応策が機械的に適用されてゆく。このような場面においては、計算のような思考はなされるかもしれないが、だれかが決断するということがない。しかし決断がなされないなら、責任が成立する余地もない。というのも、結果について責任をとることが可能になるには、その結果がだれかによって選びとられることが、したがって決断がなされることが必要だからである。この決断と責任が倫理の可能性の条件である。

決断としての倫理

反対の状況を想定すれば、エドキンスの主張は理解しやすくなる。あらかじめ、すべてを見通すことができたら、どうだろうか。そのような状況では決断がなしえないのではないか。そこでは、すべての事態に対応するよう準備された原則や処方箋を機械的、技術的に適用しさえすればよいからである。そこには決断が成立する余地がない。そうだとすれば、決断が可能になるのは、あらかじめ見通すことが不可能な状況においてであろう。エドキンスは、デリダに依拠しながら、そのような状況を「決定不可能性」という概念によって特徴づける。あらかじめ答えも対応策も知りえない状況のことである。

> 規則や枠組みが簡単には適用できない地点が避けがたく存在する。現実は、私たちがそのために用意するカテゴリーに一致しない。どれほど注意深くいかなる専門知識によってこれらのカテゴリーが構築されるにしても、実際には現実はつねに予想を超える。
>
> （*Whose Hunger?*, p. 148）

このような決定不可能な状況においては、一般的な原則は無力であろう。そうであるにもかかわらず思考し行動しなければならないとき、決断が必要となり、また可能となる。そして、そのような決断がだれかによってなされたなら、その人物はその決断にたいして責任を負わなければならない。あるいは、決断がなされたことによって、責任を負うことが可能となる。倫理がテクノロジーに還元しえない固有の特徴を有しているとすれば、それは決断と責任である。決定不可能な状況において決断がなされるとき、倫理的主体が立ちあがる。エドキンスによれば、貧困と援助の現場こそ、決定不可能性によって特徴づけられる。

倫理的責任が可能となるのは、いかなる答えも見出しえないこの矛盾あるいはアポリアをつうじてである。知識によっては答えが見出せないという意味で飢饉救済の問題が決定不可能なものであることを受け入れることによって、倫理－政治的決断過程へと道が開ける。……［略］……デリダ的な脱構築アプローチは、救援が決定不可能なものであると想定する。つまり、救援は飢饉に関する、より適切な理論やより洗練された救援テクノロジーを練りあげるという問題ではない。それは政治と決断の問題である。

（*Whose Hunger?*, p. 148）

さまざまな自然的、社会的関係の複雑な絡みあいのなかにあって、援助の現場はそれぞれが個性的であり、すべてのケースに過不足なく適用可能である万能策などない。だけれども、援助はなされねばならない。決定不可能であるにもかかわらず、あるいはそれゆえに決断すること。そのことによって援助を倫理的なものとして回復することが可能になる。エドキンスはそのように考える。

倫理学への批判

このような理路によって示唆されるのは、一種の倫理学批判であるように思われる。エドキンスはそうした表現を用いていないし、それを意図してはいないだろう。しかし、テクノロジー化に向けられた批判は、おそらく倫理学の営みをもその射程におさめている。かりに、たとえば行動指針や倫理コードといったものを作成し、それを個別の事例に適用してゆくことによって倫理問題の解決を図ることが、倫理学の営みに含まれているとしよう。これが倫理学的思考のすべてではないにしても、そうした営みにコミットすることによって、倫理学がその存在理由を手にしていることも事実であろう。援助という文脈においても、そのことは妥当する。たとえば、まさにこの本がそうしてきたように援助を倫理学的に根拠づけ、そののちに貧困や援助のための基準を決定し、援助のためのガイドラインを作成することが、倫理学の思考から導かれるかもしれない。このような思考の営みは、エドキンスが批判するテクノロジー化と相似形ではないだろうか。

だけれども、一定の反論をなす必要もある。まず、そもそもテクノロジー化を一切ともなわない思考や実践は可能なのか、という疑問が浮かぶ。また、テクノロジー化は不要なのだろうか、という疑問も生じる。さらに、原則といったものの身分を擁護することも必要ではないか、とも考えられる。貧困の現場は個性的であり、それゆえ一般的な原則に包摂されえないということが事実だとしても、まったく無原則で場当たり的な行動を推奨するのでないなら、なんらかの原則が必要になるのではないだろうか。

また、倫理において決断が重要であることを認めたとしても、決断という契機のみによって倫理性が担保されうるのか、と問わざるをえない。エドキンスは他者の窮状に介入する決断を擁護する。だけれども、なぜ介入しなければならないのだろうか。あるいは、その介入の正否はどのようにして評価されるのだろうか。介入の根拠、介入の正否の基準といったものは、決断がなされたという事実だけによって手に入れられるものではない。それらに辿りつくためには、倫理学的な思考を紡いでいくことが不可欠である。それだから、この本は、飢えに抗う義務をめぐって紡がれた倫理学的思考の道筋を辿ったのである。

とはいえ、エドキンスのテクストを読んだあとでは、倫理学の思考を素朴に肯定することは許されない。倫理学の思考もまたテクノロジー化し、そうすることによって一種の権力性を帯びる可能性が十分にあるのだから。倫理学が再生産する権力は、専門家の権力であるかもしれない。あるいは、社会関係のなかに孕まれる権力関係かもしれない。援助を正当化する文脈で、西洋中心主義が強化されるのかもしれない。または開発の名のもとに特定の経済のありかたが、すなわち資本制が強制されるかもしれない。このような問題にたいする感度を高めること、そして、そのことによって倫理学的思考のたえざる自己吟味を促すこと。そのこととの意義を気づかせてくれる点において、エドキンスの問題提起は無視しえない重要性をもつだろう。

倫理と政治

世界的貧困という現実をまえにして、私たちはその現実をどのようなものとして理解すべきかを考え、なにをなすべきか、なにをなしてはならないかを考える。ある者は、世界的貧困が倫理的に許容しえない現実であると確信し、この現実を変えるために行動する。

そこに働いているのは倫理的‐倫理学的な思考である。エドキンスは、この思考がときにテクノロジー化し、ときに権力性を帯びてゆくことを暴露した。しかし、こうした批判によって、この思考が無効になるわけではおそらくない。テクノロジー化や権力性の危険に警戒せよということが、エドキンスの批判から学ぶべき教訓なのであろう。そうだとしたら、この教訓にしたがい、この思考を貫くほかにない。

この思考を貫き、そして実践するとき、おそらく倫理と政治にまつわる、さらに別の光景が見えてくるにちがいない。ある者が、貧困に苦しむ者たちを救うという意図にもとづいて決断し行動するとき、つまり倫理的に生きようとするとき、その者はおそらく避けがたく政治的たらざるをえない。なぜなら、貧困の問題を解決するということは、まさに貧困を生み出す社会関係を問いなおすことだからである。貧困問題を解決するための営みは、それゆえに、さまざまな抵抗に出会うだろう。倫理的であろうとすることが避けがたく政治的であること――貧困問題においては、そのことが見紛うことなく露呈する。もちろん、繰り返せば、政治的なものの力学のなかで倫理的なものがテクノロジー化してゆくことがあるだろう。しかし倫理的であろうとするかぎり、この力学に抗う以外にない。おそらくエドキンスは、そうした抗いの重要性を教えてくれている。テクノロジー化や権力に絡めとられる危険を冒しながら、それにもかかわらずテクノロジー化や権力に回収されずにとどまりつづけること。そこに倫理的であることの、ひとつの可能性がある。

おわりに

その限られた紙幅のゆえに、この小さな本にはいくつもの欠落がある。まず、貧困問題の解決には具体的な方策が不可欠であるが、このような実践的な水準での話題がこの本には欠けている。つぎに、援助論に向けられる批判がとりあげられていない。たとえば、援助は逆効果であり、また無益であるというネオ・マルサス主義による批判、援助を義務化しようとする試みに頑強に抵抗するリバタリアニズムによる批判などがある。コスモポリタニズムにたいする批判もとりあげることができなかった。

これらの案件を脇におき、この本は、貧困を倫理的にどのように評価するのか、あるいは援助をいかにして正当化するのかという問題に集中してきた。限られた紙幅のなかで多様な見解に言及しえたことは、この本のひとつの存在理由になりうるかもしれない。しかし、この存在理由となる多様性が、ある種の困惑の原因となりはしないかと、私は懸念している。簡単にいえば、どの道を選ぶべきかという困惑である。

どの道を選ぶべきなのだろうか。結論からいえば、どの道でもよい。そう記さなければならない。この本で触れた文献を読む過程で、そしてこの本を書く過程で、私はそのように確信するようになった。世界的貧困が存在しつづけることは、どのようなアプローチを採用するにしても、倫理的に許されない。世界的貧困の放置は、溺れる子どもを救わないことと同じように、ある種の見殺しだとも考えられる。あるいは、他者を目的として尊重しないことだとも解釈しうる。さらには、他者にたいする加害としても理解できるし、配分的正義の、あるいは生存権の、そして最低限のケイパビリティの著しい毀損と見なすことも可能である。それほどまでに、世界的貧困は絶望的な状況なのである。その意味で、どの道を辿ってもよい。その道を歩むことで、世界的貧困問題の姿がある角度から見えてくるはずである。その姿は全体像ではないだろうけれど、全体像をつかむためには、まずは特定の角度からその姿を見るほかない。

他方で、基底線（ボトムライン）の倫理という構想をこれらの議論から学ぶことができると、私は考えている。基底線の倫理とは、それを下回ることは絶対に許されない最低限を示し、その最低限の実現を目指すものである。基底線の倫理という方向性は、生存権論やケイパビリティ・アプローチに顕著である。しかし、配分的正義論においても格差原則なのか最低原則なのかが問われた。ポッゲの消極的義務論にしても、それが可能になったのは基準線を設定することによってであったわけだが、この基準線をどの水準におくかが問題となる。オニールによる不完全義務論もまた、他者が人格として尊重されるような生活水準を実現するよう義務づけるのであった。いうまでもなく、この水準をどこに求めるのかが問題となる。

たしかに、なにをもって基底線と呼ぶのかという困難な問題が残される。普遍的な同意がえられる基底線は可能かという問題もある。これらの問題にたいする解答がここで用意されているわけでもない。そうではあるが、飢えが人間の生存の根幹に関わる問題であるかぎり、その解決のために基底線の倫理が参照されることには、相当に強い必然性があるのではないだろうか。

人間はどうしようもなく脆弱である。自然の気まぐれによって、あるいは社会関係の綻びによって、人間はたやすく飢え、その命を落としてしまう。貧困問題は人間の脆弱性を、それだから人間の本性を裸形で剥き出しにする。基底線の倫理は、この脆弱性を事実として受け入れ、この脆弱性から出発する倫理だといえる。そのような脆弱さを抱えた存在としての人間を、その脆弱さのうちに放置することが許されないのなら、基底線の倫理は不可避である。そして、人間が脆弱な存在であるかぎり、基底線の倫理は優先的に検討されるべき選択肢であるにちがいない。そのような倫理が可能であるのなら、それは貧困問題の解決に資するものとなるだろう。あるいは、基底線の倫理にしたがって倫理的であろうとする者は、世界的貧困の問題に、そしてその解決という課題に避けがたく直面する。

もちろん、基底線にもとづくアプローチによって、この世界が望ましい理想的な世界として実現されるわけではない。基底線の倫理は、あくまでも最低限を要請するにすぎないからである。だが、この世界は基底線の倫理さえ満たしていない。それが現実である。だから、飢えて死にゆく者たちが数多存在するという現実にあって、それ以上に後退することが許されない基底線を要請することは、有力な選択肢となるのではないだろうか。そして、もしこの倫理が満たされたなら、この世界の相貌は一変するのではないだろうか。その意味で、基底線の倫理という問題設定は、考えてみるに値する可能性のひとつであるように思われる。

この基底線の倫理をめぐって、いかなる思考の糸を、どのように編んでゆくことができるのだろうか。そうした問いが立ちあがりつつあることを予感しながら、とはいえ、本論が閉じられるときを迎えなければならない。

参考文献

はじめに

ヴェイユ、S『根をもつこと 上』冨原眞弓訳、岩波文庫、二〇一〇年。

序論

Honderich, T., *After the Terror*, revised ed., Edinburgh University Press, 2003.

イースタリー、W『傲慢な援助』小浜裕久ほか訳、東洋経済新報社、二〇〇九年。

伊藤恭彦『貧困の放置は罪なのか――グローバルな正義とコスモポリタニズム』人文書院、二〇一〇年。

国連開発計画『国連ミレニアム開発目標』http://www.undp.or.jp/publications/pdf/millennium2012_11.pdf

国連食糧農業機関編『世界の食料不安の現状　２０１３年報告』http://www.jaicaf.or.jp/fileadmin/user_upload/publications/FY2013/SOFI2013J.pdf

国連世界食糧計画ウェブサイト　http://ja.wfp.org/hunger-jp/stats

国連ミレニアム宣言（外務省による仮訳）　http://www.mofa.go.jp/mofaj/kaidan/kiroku/s_mori/arc_00/m_summit/sengen.html

ユニセフ『世界子供白書２０１５〈要約版〉』http://www.unicef.or.jp/library/sowc/2015/pdf/15_04.pdf

第1章

Cullity, G., *The Moral Demands of Affluence*, Oxford University Press, 2004.

McGinn, C., "Our Duties to Animals and the Poor," in Jamieson, D. ed., *Singer and His Critics*, Blackwell, 1999.

McKinsey, M., "Obligations to the Starving," *Nous* 15, 1981.

Richards, D. A. J., "International Distributive Justice," in Pennock, J. R. and Chapman, J. W. eds., *Ethics, Economics, and the Law*, New York University Press, 1982.

Singer, P., 〝Famine, Affluence, and Morality,〟 in Philosophy and Public Affairs, 1:3 (Spring 1972), reprinted in Pogge, Th. and Horton, K. eds., Global Ethics: Seminal Essays, Paragon House, 2008.

シンガー、P『実践の倫理』山内友三郎ほか監訳、昭和堂、一九九九年。

――『グローバリゼーションの倫理学』山内友三郎ほか監訳、昭和堂、二〇〇五年。

――『あなたが救える命――世界の貧困を終わらせるために今すぐできること』児玉聡ほか訳、勁草書房、二〇一四年。

――『動物の解放』戸田清訳、技術と人間、一九八八年。

ミル、J・S『功利主義論』、『世界の名著 ベンサム/J・S・ミル』中央公論社、一九七九年、所収。

第2章

Hardin, G., "Lifeboat Ethics: The Case Against Helping the Poor," in *Psychology Today*, 8:4 (September 1974), reprinted in Pogge, Th. and Horton, K. eds., *Global Ethics: Seminal Essays*, Paragon House,

2008.
O'Neill, O., *Faces of Hunger: An Essay on Poverty, Justice and Development*, Allen and Unwin, 1986.
———. "Rights, Obligations and World Hunger," in Jiminez, F. ed., *Poverty and Social Justice*, Bilingual Press, 1987, Pogge, Th. and Horton, K., eds., *Global Ethics: Seminal Essays*, Paragon House, 2008.
———. "Ending World Hunger" in Regan, T. ed., *Matters of Life and Death*, 3rd. ed., McGraw-Hill, 1993, reprinted in Aiken, W. and Lafollette eds., *World Hunger and Morality*, 2nd. ed., Prentice Hall, 1996.
カント、I『道徳形而上学の基礎づけ』宇都宮芳明訳・注解、以文社、一九八九年。

第3章

Caney, S., *Justice Beyond Borders: A Global Political Theory*, Oxford University Press, 2005.
Jaggar, E., ed., *Thomas Pogge and His Critics*, Polity, 2010.
Pogge, Th. "Assisting the Global Poor," in Chatterjee, D. K. ed., *The Ethics of Assistance: Morality and the Distant Needy*, Cambridge University Press, 2004, reprinted in Pogge, Th. and Horton, K. eds., *Global Ethics: Seminal Essays*, Paragon House, 2008.
Shei, Ser-Min, "World Poverty and Moral Responsibility," in Follesdal, A. and Pogge, Th. eds., *Real World Justice,* 2005, Sprillger.
ガルトゥング、J『構造的暴力と平和』高柳先男ほか訳、中央大学出版部、一九九一年。
「世界人権宣言」、高木八尺・末延三次・宮沢俊義編『人権宣言集』岩波文庫、一九五七年、所収。

ノージック、R『アナーキー・国家・ユートピア――国家の正当性とその限界』嶋津格訳、木鐸社、一九九六年。

ポッゲ、Th『なぜ遠くの貧しい人への義務があるのか――世界的貧困と人権』立岩真也監訳、生活書院、二〇一〇年。

――「現実的な世界の正義」児玉聡訳、『思想』九九三号、岩波書店、二〇〇七年。

ミラー、D『国際正義とは何か――グローバル化とネーションとしての責任』富沢克ほか訳、風行社、二〇一一年。

ロック、J『統治論』宮川透訳、中公クラシックス、中央公論新社、二〇〇七年。

第4章

Beitz, Ch. R., "Cosmopolitan Ideals and National Sentiment," in *The Journal of Philosophy* 80: 10, Part 1: Eightieth Annual Meeting of the American Philosophical Association, Eastern Division (October 1983), reprinted in Pogge, Th. and Horton, K. eds., *Global Ethics: Seminal Essays*, Paragon House, 2008.
Brock, G., *Global Justice: A Cosmopolitan Account*, Oxford University Press, 2009.
Frohlich, N. and Oppenheimer, J., *Choosing Justice: An Experimental Approach to Ethical Theory*, University of California Press, 1992.
Moellendorf, D., *Cosmopolitan Justice*, Westview, 2002.
Richards, D. A. J., "International Distributive Justice," in Pennock, J. R. and Chapman, J. W. eds., *Ethics, Economics, and the Law*, New York University Press, 1982.

Shue, H., *Basic Rights: Subsistence, Affluence and U. S. Foreign Policy*, 2nd. ed., Princeton University Press, 1996.

アリストテレス『ニコマコス倫理学』朴一功訳、西洋古典叢書、京都大学学術出版会、二〇〇二年。

シンガー、P『グローバリゼーションの倫理学』山内友三郎ほか監訳、昭和堂、二〇〇五年。

ヌスバウム、マーサ・C『正義のフロンティア――障碍者・外国人・動物という境界を越えて』神島裕子訳、法政大学出版局、二〇一二年。

ノージック、R『アナーキー・国家・ユートピア――国家の正当性とその限界』嶋津格訳、木鐸社、一九九六年。

ベイツ、Ch『国際秩序と正義』進藤榮一訳、岩波書店、一九八九年。

ポッゲ、Th『なぜ遠くの貧しい人への義務があるのか――世界的貧困と人権』立岩真也監訳、生活書院、二〇一〇年。

ロールズ、J『正義論 改訂版』川本隆史ほか訳、紀伊國屋書店、二〇一〇年。

――『万民の法』中山竜一訳、岩波書店、二〇〇六年。

第5章

Almond, B., "Right," in Singer, P. ed., *A Companion to Ethics*, Blackwell, 1991.
Hurrell, A., "Another Turn of the Wheel?," in Beitz, Ch. R. and Goodin, R. E. eds., *Global Basic Rights*, Oxford University Press, 2009.
O'Neill, O., "Rights, Obligations and World Hunger," in Jiminez, F. ed., *Poverty and Social Justice*, Bilingual

Press, 1987, Pogge, Th. and Horton, K. eds., *Global Ethics: Seminal Essays*, Paragon House, 2008.
Pogge, Th., "Shue on Rights and Duties," in Beitz, Ch. R. and Goodin, R. E. eds., *Global Basic Rights*, Oxford University Press, 2009.
Shue, H., "Mediating Duties," in *Ethics: An International Journal of Social, Political, and Legal Philosophy*, 98:4, 1988.
———. *Basic Rights: Subsistence, Affluence and U. S. Foreign Policy*, 2nd. ed., Princeton University Press, 1996.
———. "Solidarity among Strangers and the Right to Food," in Aiken, W. et al. eds., *World Hunger and Morality*, 2nd. ed., Pearson, 1996.
Widdows, H., *Global Ethics: An Introduction*, Acumen, 2011.
ヴェイユ、S『根をもつこと 上』冨原眞弓訳、岩波文庫、二〇一〇年。

第6章

Hutchings, K., *Global Ethics: An Introduction*, Polity Press, 2010.
United Nations Development Programme, *Human Development Report 1990*, Oxford University Press 1990.
———. *Human Development Report 1994*, Oxford University Press 1994.
神島裕子『マーサ・ヌスバウム——人間性涵養の哲学』中央公論新社、二〇一三年。
川本隆史『現代倫理学の冒険——社会理論のネットワーキングへ』創文社、一九九五年。
セン、A『不平等の再検討——潜在能力と自由』池本幸生・野上裕生・佐藤仁訳、岩波書店、一九九九年。

ヌスバウム、マーサ・C『女性と人間開発――潜在能力アプローチ』池本幸生ほか訳、岩波書店、二〇〇五年。

――『正義のフロンティア――障碍者・外国人・動物という境界を越えて』神島裕子訳、法政大学出版局、二〇一二年。

ハーヴェイ、D『コスモポリタニズム――自由と変革の地理学』大屋定晴ほか訳、作品社、二〇一三年。

第7章

Edkins, J., *Whose Hunger?: Concepts of Famine, Practice of Aid*, University of Minnesota Press, 2000.
セン、A『貧困と飢饉』黒崎卓・山崎幸治訳、岩波書店、二〇〇〇年。
マルサス、Th・R『人口論』永井義雄訳、『世界の名著　バーク／マルサス』中央公論社、一九八〇年、所収。

あとがき

私が世界的貧困の問題についてはじめて書いたのは、拙著『倫理空間への問い』においてであった。第5章「国際援助の倫理」がその場所である。そこでは、援助する者と援助される者とを隔てる空間的距離が主題となっていた。異国の他者にたいする援助の義務ははたして生じるのかどうか。世界的貧困問題が避けがたく抱えこむこの問題に触れたことが、貧困問題について考えるきっかけとなった。しかし、その本を書いているあいだも、そしてそのあとも、世界的貧困という問題の広がりを十分に汲みつくせていないという後味の悪さが残っていた。それだから、機会があればもうすこし踏みこんで考えてみたいという思いを抱きつづけていた。

この思いは存外にはやく叶えられることになった。縁あって、二〇一一年から三年間にわたって東京大学文学部で応用倫理学特殊講義の授業を冬学期に担当することになり、この授業で貧困と援助の問題をとりあげることになったからである。この講義で話したことが、この本のもとになっている。最後の年の講義は、この本の原稿を書きながら同時進行で構想された。当初は、同じ話題をあつかうのだから、どちらの作業も捗《はかど》るのではないかと考えていたが、実際にはそうではなかった。話すように書くことはできないし、書くように話すことはできない。そのことを痛感させられた。それだから、講義の内容とこの本で書かれたこととは、おのずと異なるものとなった。

長いあいだ、ある程度の自信をもって考えることができる事柄の範囲は、せいぜい半径一〇〇メートルが限度であると、私は感じてきた。もちろん、これは比喩であるけれども、この比喩は、私の思考の乏しさをかなり正確に反映していると感じる。そのような自己了解からすると、世界的貧困という問題は文字どおり地球規模の問題であり、あきらかに私の限界をはみだす話題である。また、私は援助の活動に直接に携わっているわけではないから、この話題にあくまでも書物をつうじて接近することができるにすぎない。それだから、この本には決定的ななにかが欠けているのではないかと恐れもした。だけれども、この本で紹介した倫理学者や政治哲学者たちの議論を伝えたいという思いから、この本を書きつづけた。現在この世界のなかで倫理的に生きるとはどういうことなのかという問いを考える際に、これら論者たちの論考はたいへんに示唆的だからである。「はじめに」において記したとおりである。この本を書き終えてもなお、その思いは変わらない。

この本が成立するにあたっては、多くの方々に御世話になった。すべての方々の御名前を記すことはできないため、この本にとくに所縁《ゆかり》が深いと思われる方々だけを記すことにしたい。まず、平凡社の保科孝夫さんである。保科さんには本書の出版を御快諾いただき、また原稿の成立までアドバイスを頂戴した。その御力添えがなければ、本書は日の目を見ることはなかった。また、東京大学文学部教授の熊野純彦さんには、保科さんと私とのあいだをとりもっていただいた。さらに、岩手医科大学教授の遠藤寿一さん、清泉女子大学教授の鈴木崇夫さんには、カントについての素朴な疑問に答えていただいた。もちろん、カントに関する記述に間違いがあるとしたら、その責めはすべて私にある。最後になったが、この本のそもそもの発端となった授業につきあってくれた学生諸君、そして授業の際に御世話になった関係各位。この場を借りて、これらの方々に御礼を申しあげる。

この小さな本が世界的貧困の解決にすこしでも貢献するものとなること、そして、この本のような試みが無用となる世界がいつか訪れること。この本を閉じるにあたって、そのことを願わずにはいられない。

二〇一四年　師走

馬渕浩二

【著者】
馬渕浩二（まぶち こうじ）
1967年岩手県生まれ。東北大学大学院博士課程修了。中央学院大学准教授（倫理学／社会哲学）。著書に、『世界はなぜマルクス化するのか』『倫理空間への問い』（ともにナカニシヤ出版）、訳書に『ハンス・ヨナス「回想記」』（共訳、東信堂）など。

平 凡 社 新 書 7 7 0

貧困の倫理学

発行日――2015年4月15日　初版第1刷

著者――馬渕浩二
発行者――西田裕一
発行所――株式会社平凡社
東京都千代田区神田神保町3-29　〒101-0051
電話　東京（03）3230-6580［編集］
東京（03）3230-6572［営業］
振替　00180-0-29639
印刷・製本―図書印刷株式会社
装幀――菊地信義

ISBN978-4-582-85770-2
NDC 分類番号150　新書判（17.2cm）　総ページ264
平凡社ホームページ　http://www.heibonsha.co.jp/